JN411355

김순자 시인의 시와 에세이 여행

내 인생에 촛불을 켜고

국립중앙도서관 출판시도서목록(CIP)

내 인생에 촛불을 켜고 : 김순자 유고시집 / 지은이: 김순자
. -- 대전 : 오늘의문학사, 2015
p. ; cm

표제관련정보: 김순자 시인의 시와 에세이 여행
ISBN 978-89-5669-670-6 03810 : ₩10000

한국 현대 문학[韓國現代文學]
개인 문집[個人文集]

810.81-KDC6
895.708-DDC23 CIP2015008135

"이승에서 글과 행복했던 당신의 여행이
그곳에서도 함께 하겠지요"

내 인생에 촛불을 켜고

김순자 유고시집

오늘의문학사

■ 여는 글

어머니가 돌아가신 지 이제 일 년이 다 되어갑니다.

오늘같이 봄을 재촉하는 비가 온 다음 날이면, 어머닌 아침 일찍 일어나 마당가에서 어느 새싹이 머리를 삐죽이 내밀었는지 찾아보시곤 아침상에서 말씀하셨지요.

야들아, 벌써 수선화 싹이 돌 틈에 이만큼이나 올라왔더라.

그럼 우리는 출근길에, 등굣길에 마당 한 번 더 둘러보고 나갔죠.

많은 분들이 그러하겠지만, 저에게도 '어머니'는 언제 들어도 가슴 뭉클하고 고맙고 행복한 단어입니다. 하지만 지금은, 아직은 눈물 없이 떠올리기는 힘든 단어이기도 합니다.

어머니는 글쓰기를 좋아하셨고, 부지런한 농사꾼이셨고, 인생을 참 긍정적으로 사셨던 분입니다. 어찌 저리 담담히 준비하실까 싶을 만큼 마지막까지 씩씩하셨고 오히려 남은 우리들을 걱정하셨지요.

어머니께서 평생에 가장 좋아하시던 일은 글쓰기라 오랜 기간 참 많이도 쓰셨는데, 가족들이 무심했습니다. 이사하고, 집 고칠 때마다 폐지더미 속에 쓸려간 글들을 얼마나 안타까워하셨는지 모릅니다. 근데, 그때는 "그러게. 다음부턴 컴퓨터에 쳐 놓아요. 책으로 만들어 드릴께." 라고 만하고 넘겼습니다.

어머니가 병원에 입원하실 때마다, 그리고 동생 집에 쉬러 가시면서도 무슨 보물단지처럼 챙겨 다니시던 묵직한 노란 백 팩에 마지막까지 남았던 글 공책과 수첩들을 보았을 때 어찌나 죄송하고 안쓰럽던지. 그래서 내심 생전에 이걸 책으로 묶어 드리려는 욕심으로 이 글들 좀 정리해보시라 했지만, 이미 많이 수척해지신 어머니는, 글은 온 힘을 다해 정성들여 쓰는 것이지 그냥 써지는 건 아니라 하시며 힘없이 병원침대에 돌아 누우셨습니다. 그래서 그때는 뒤늦은 후회를 하며 포기했었습니다.

그래도 욕심이 남아 이렇게 남은 가족들이 어머니 글을 정리하여 세상에 내어봅니다. 등단을 하신 것도 아니고 기다리는 독자가 있는 것도 아니지만, 혹시나 누구 하나, '어머, 이 글 그냥 묻혔으면 아까웠겠네.' 해주면 좋겠습니다.

남은 글을 정리하면서 어머니의 꼼꼼함에 한 번 더 놀랐습니다. 어머니는 시를 내면서도 공책에 꼭 해설을 붙여 놓으셨고, 누구에게 편지 한 장을 부쳐도 공책에 한번 적어놓고 보내셨더군요. 그리고 우리 가족의 얘기들이 많이 담겨 있어 새삼 제 인생도 돌아볼 수 있었습니다. 다른 이들도 이리 살았을까 싶습니다. 어느 가족이나 이런 추억 한둘은 가지고 있을 거라 생각하지만, 어머니께서 소소한 일상도 놓치지 않고 이렇게 글로 남겨주셔서, 그래서 어머니를 기억할 수 있게 해 주셔서 고맙습니다.

2015년 3월 큰딸 김 현 정

1 시모음 / 엄마의 유산

2 시와 이야기 / 민들레

3 에세이 / 황금빛 들녘처럼

4 편지글 / 만나면 헤어지고

우정의 수필 / 수필가 전춘희

1부

엄마의 유산

그리움

강변에 아카시아 푸르름 속엔
내 스무살 적 눈물이 흐르고 번들거린다.

다가 설 수도, 기다릴 수도 없는
전쟁터에 외로이 선, 나의 십자가

들판에 네 잎 클로버를 달밤에도 찾았다.

까망머리 어깨 위에 찰랑거리며
한 아름 꺾어 보낸 아카시아 꽃

그 향기 내 가슴에 별처럼 박혀
지금도 아카시아 꽃은 벙그는데.

* 2006년 4월 27일 공주 원통사 산속에서 발표

논 고둥

이젠 아무것도 줄 것이 없네.
바람아 나를 태워 가렴

영생(永生)을 믿느뇨?
내세(來世)는?
아닙니다. 모성(母性)밖에는

벼 그늘에 잠시 머물다 가는 노제(路祭)
껍데기 동동

새끼들 목 빼고
우리 엄마 시집가네.

* 충남대학교평생교육원 백마문학 2006 1학기 6월

세석(細石) 철쭉

오월의
지리산은 꿈을 꾸고 있었다.

발그레한 두 볼에 떨리는 어깨선
폭죽 속에 웃고 선 뒷모습이
베일 가린 새악시의 연분홍빛 눈물이었다.
등 굽은 아낙의 빛바랜 손수건이었다.

너도 아닌 것이, 나도 아닌 것이
우리는 서로를 그렇게 안고 갔다.
우리는 서로를 그렇게 놓고 갔다.

그 발길 닿은 곳마다
오월의
지리산은 온통 핏빛 웃음이었다.

* 충남대학교평생교육원 백마문학 2006 1학기 6월

어머니

아무리 조용히 불러 봐도
언제나
상추쌈에 목이 메어 삼킬 수가 없습니다.

불란서제(製) 향수보다
몇 배는 더 상큼한
동방삭이 풀 냄새 같던 어머니!

초승달 눈썹그린 부웅뒤미골 못에
종손인 아버지는 도끼 뿔따구로
하염없이 얼음장을 깨시고
그 속에 불덩어리 몸을 삭히며
바늘 쏙 뺀 버선코가 다 닳도록
부처님께 몇 천배로 동냥한 아들

그러나 마흔을 한참 넘긴 당신에게
이렇게 애기 보살로 안겨 드린 그 눈물을
저는 미처 다 닦아드릴 수가 없었습니다.

아닙니다.
그것이 저에겐 멍에가 되어
얼마나 제 청춘을 옭아맸는지
아십니까? 어머니

다 키운 아들 둘을 머리맡에 묻으시고
그래도 이렇게 좋은 세상 못살아 본
부모님들 불쌍타고 죄스러 하시던
거짓말을 모르시던 착한 나의 어머니!

이제는 제 가슴 밑바닥에 심어 놓으신
꺼지지 않는 촛불을 거두어 가십시오.

제 자식에겐 결코
한스런 눈물은 베어내지 않겠습니다.

* 충남대학교평생교육원 백마문학 2006 1학기 6월

제사(祭祀)

몇 날 며칠을
젖몸살 앓은
여자의 체념을
남자는 알까?

일 년에 8번
목욕재계하고
120번 절하는
자손들의 바람을
조상들은 들을까?

살아
새 다리만도 못한
죽어
소 다리가 올라앉았다.

* 충남대학교평생교육원 백마문학 2006 1학기 6월

선녀가 된 나무꾼

비탈에 선 소나무는 바람 땜에
잘 생긴 솔방울이 떡 벙글었다.
휘어져 또 휘어져
구름같이 매달린 어린 나무꾼.

저 아래 떨어지면 어디로 갈까?
선녀가 될까?
허리에 꿰찬 포대엔
하나 둘 솔방울이 붓꽃같이 쌓였다.

밑에서 바라만 봐도 아득한 둔치재를 머리에 떠 이고
선녀 되어 두 번을 쉬어 오른 산마루에
나뭇짐을 내려놓고 돌아가지 않는 목고개를 돌리려고
바람 땜에 시원해서 울고 있었다.

잘생긴 솔방울이
불매를 돌릴 때마다
선녀처럼 꿈처럼 발갛게 피어날 걸!
나무꾼은 스르르 하늘로 올라갔다.

눈물

유리 술잔에 눈을 빠뜨리고
벽을 보고 앉은 나부(裸婦)

파도가 서서히 밀려오다
시커먼 하늘이 붉은 혀를 내밀고
집채만 한 몸뚱이를 삼켜버린다.

저만치 쓸리어 가는 술잔
벽 위엔
떨어진 달빛뿐이다.

* 충남대학교평생교육원 백마문학 2006 2학기 10월

늦은 길

버드나무 긴 그림자 강바람에 내어주고
모래밭 단 햇볕 위로 맨발로 뛰어 가던
그때를 잊었노니

종달새 알 배 오른 보리밭 골 위에서
날만 새면 집 지으며 새벽을 재촉하던
그 노래도 잊었노니

강물 따라 아카시아 꽃잎 떠가고
별똥별 산 너머로 스러지는데
하늘은 높고 갈 길은 멀어
이 마음 산마루에 매어놓고 가노니.

* 충남대학교평생교육원 백마문학 2006 2학기 10월

분꽃

눈을 감았노라
귀를 막았노라
입도 다물었노라
해님에게
그러나 몸은 맡겼노라

으스름 달님을 안고
그제사 눈을 떴노라
귀도 열었노라
입도 벌렸노라

별님과 손잡고
소록도도 갔노라

낮게 흐르는 은하수보다
더 낮은 그대의 아픔을
보듬은

언니처럼 살가운
속 깊은 가시내는.

* 충남대학교평생교육원 백마문학 2006 2학기 10월

가알비

사랑한다고
좋아한다고
차마 그립다고도 하지 못했다.

뜨겁지도
살갑지도
차마 따사롭지도 못했다.

그저 그 자리
홀어머니 옆 자리에 키 낮추고 서서
멀리 눈 산에서도 늠름한 적송을
하염없이 애타는 눈빛으로만 바라보았다.

그대
보고 싶다고 했을 때
바알갛게 탄 가알비*
그대로 날아가고 싶었다.
그대로 불타고 싶었다.

그러나 만나고 싶다고 한 순간
나는 정녕, 불타는 아궁이 속에서
눈감고 소롯이 재가 되고 말았다.

* 소나무 낙엽을 일컫는 경상도 사투리로 표준말은 솔가리
* 백마문학회 우듬지 2006 창간호 12월

상사화

선운사 동백꽃에 그늘이 져
길섶 한 모롱이에 목이 메어
비석처럼 울음을 감추고 섰다.

연모의 정(情) 위에 똬리를 털고
진홍빛 두 볼에 그리움 새겨
한(恨) 풀어 흘러내린 네 춤사위여

누구에게 그리도 몸과 맘을 뺏겨
가닥가닥 붉은 혀를 날름거리며
넋마저 오롯이 해님에게 태우느뇨?

내 젊은 날, 차라리 널 닮아
저고리도 벗어주고 고무신도 벗어주고
으스름 밤길에 꽃대 되어 섰을 걸.

* 백마문학회 우듬지 2006 창간호 12월

진주 가는 길

대전에서 한 시간 육십령 터널
경상도 땅 푯말이 어둠속에 잠긴다.

삶처럼 스쳐가는 차창너머엔
터널같이 아득한 내 어릴 적
고욤나무, 갈참나무, 물푸레나무가
장년이 되어 눈인사로 대신하고

맞은 편 선로 위의 승객 기사께
흰 장갑 손 깍듯이 들어 기원하는
신(神)의 얼굴이 미소 짓는다.

인생도 푯말처럼 예고 해 준다면
번번한 물 가운데 지붕위에 올라앉은
송아지의 왕방울 눈이 서럽지만 않을 텐데

백마문학회 우듬지 2006 창간호 12월 산마루에 걸린 달이 따라 오며 웃는다.

* 백마문학회 우듬지 2006 창간호 12월

물풀

청둥오리 놀라 미끄러진 자리에
일렁이며 수 놓는 물풀
떠돌던 객기와 오지랖을
물 속 길이 여미고
백팔배로 감읍하는 보살이어라
강둑에 박혀버린 낡은 운동화

달팽이

남새밭 담 밑에 심어 논 겨울초를
조아먹는다고 도려왔다.
마당가에 앉아서 가리고 있는데
콩알만한 아기 달팽이가
더듬이 두 개로 열심히 세상을 기웃거리고 있었다.
소쿠리에 담아 방에 가져왔더니
한참을 기어다니다가 이게 아니라고 느낀 듯
견고하고도 얇은 제 집안에 쏙 기어들더니 기척이 없다.
달팽아 달팽아 너거 집이 어디고
아무리 불러도 대답이 없다.
한참 후에 와봐도 빈 껍데기였다.
손바닥 위에서 굴러보아도 빈껍데기였다.
죽었나.
빈껍데기나마 남새밭에다가 도로 내려놓았다.
그때였다.
시커머래한 줄이 선명한 촉수 두 개가
순식간에 땅내를 맡고 알랑거리며 소리쳤다.
내집은 내집은 바로 여기야.

정지

총알이 몇 군데 지나가고
쥐가 드나들던 살강에
밥그릇이 셋
국그릇이 셋
셋이라는 숫자만 알고 있던 나는
넷이라는 숫자를 몰랐다

벽돌이 막아준 살강에서
다시 시작된
밥그릇 둘
국그릇 둘이
셋으로 넷으로 불어나면서
넷이라는 숫자를 자연히 알았다

건조대에
밥그릇이 다섯
국그릇이 다섯일 때

연두색 밥그릇 둘이
어쩌다 튀밥처럼 뛸 때도 있었다

그러던 어느 날
밥그릇 넷
국그릇 넷으로 줄어들 땐
그 휑한 빈 자리를 가슴으로 느끼기 시작했다

식기 세척기에
밥그릇이 셋으로
국그릇이 셋으로

그러다 어느 결에
둘로 고정될 때
빈 정지간은
비로소 하나가 될 거라는 걸
그리고 이제는 세상 밖으로
나가야 된다는 걸 깨달았다.

요강

인적 드문 산허리
그리듯 내려앉은
한 분 란
밤마다 떨어지는 살별소리에
입술은 함초롬히 젖어만 가고
그 외딴 길
허연 박처럼 올라앉은 아낙이
남몰래 달을 보며 울고 있었다

* 백마문학회 우듬지 2007 제2호 12월

함양 용추 빙벽

눈발이 간간이 적시고 가는
용추사 앞 못 위엔
폭포 속에 멈춰 버린
이무기가 살았다

은빛날개가 어쩌다
햇살에 빛날 때
다시 한 번 꿈틀거려
오르고 또 오르고

포효하는 모습이 형체도 없이
하룻밤을 못 재운 서런 졸갑을
감로수에 흐르는 독경소리만
칼바람을 안으로 몰고 있었다

* 백마문학회 우듬지 2007 제2호 12월

허물

돋나이가 봄빛을 뚫고 간 타작마당에
헐렁한 잠옷 한 벌 내 걸렸다
앞쪽이 아닌 등 쪽이 터진 채
네 발에 두 손이 바람을 움켜잡을 듯
부릅뜬 두 눈이 투명하게 쏘아본다
맑은 이슬처럼 날아오를 수 없는 나는
가만히 귀를 기울여 본다
삼십 육도가 넘는 한낮을
버드나무 위에서 깨울 수 있는 건
너뿐이었다
적막강산이다
연막을 치는 자전거가 묻고 간다.

* 백마문학회 우듬지 2007 제2호 12월

바람

뒤에서 등 두드리는 이 있어
돌아보니 바람이었다
두렵던 훈풍도
쓸려 갈 태풍도
서럽던 북풍도
아니언만
그래도 한 구석
뒤에서 등 두드리는 이 있어
돌아보니 이슬 맺힌
하얀 바람이었다

* 백마문학회 우듬지 2007 제2호 12월

기다림

깃털이 내려앉은 외딴 초가집
뉘 살다 떠났기에
다닥다닥 피어난 흰 감꽃 사이로
구름처럼 옛정이 흐르고 있을까

뚫린 창호지로 새어 나오는 웃음소리
저물녘 토닥이는 어머니의 손자장가

그 가슴 한 번쯤 서늘해지면
빈 둥지 못내 생각이 날까
흰 감꽃 실에 꿰어
목에 걸 날 그려 볼까

* 백마문학회 우듬지 2008 여름 제3호 6월

비 오는 날

내 어릴 적 눈물은
창 밖에 사브작이는 빗물이었다
나귀 타고 장에 간 아버지도 없고
말 타고 서울 간 오빠도 없고
꼭
이런 날엔 누굴 기다리고 싶은데
빗물처럼 전쟁이 훑어가고 말았다.

* 백마문학회 우듬지 2008 여름 제3호 6월

새 쑥

마른풀이 조금씩 내어 준 자리
뽀얀 솜털로 내민 얼굴
발그레한 발등이 보일 듯 말 듯
언 발로 묵은 쑥이 목말을 태웠다
손잡고 갈까 하다 그냥
눈만 주고 일어서 가는 햇빛

* 백마문학회 우듬지 2008 여름 제3호 6월

춘란

푸새한 옥양목 저고리에
곱고 가는 눈매

단숨에 흘려 쓴 붓 끝이
멋대로 내려와 앉은 옷고름

풀어 내 보일 수 없는 깊은 속
혀끝에 내어민 연둣빛 애모

* 백마문학회 우듬지 2008 여름 제3호 6월

티눈

가난이 당연했던 아픈 젊은 날
굽이 다 닳은 빼딱 구두를 신고
장발장을 사서 품에 안고는
구름 위로 날듯이 뛰어왔다

가슴속에 티눈이 못을 박고
눈발이 날리는 날마다
빼고 또 빼도
하이얀 눈송이처럼
흔적도 없이 메워졌다

도려내고 또 도려내도
하이얀 눈송이처럼
흔적도 없이 메워졌다

* 백마문학회 우듬지 2008 여름 제3호 6월

고모

추석 명절에
혼자 사는 고모 집에 가면
마알간 송아지 눈빛으로
백 살을 며칠 앞둔
아버지 피색이 반긴다

궁둥이만한 장독대 앞엔
가지색 당국화랑
닭 벼슬 맨드라미랑
자궁병에 그만이라는 하양 접시꽃이랑
입 맞춰 땡깔이 꽈리를 분다

하매나 올랑가 내다봤제
누우런 된장을
갈구리같은 손으로
꾹꾹 통에 눌러 담으며
골 깊은 주름살이 활짝 펴진다

* 백마문학회 우듬지 2008 겨울 제4호

나뭇잎

푸르름이 말없이 떠나던 날
새들은 하늘로 날아갔다

왔을 때처럼
갈 적에도 맨 몸이었다

꼭 다문 잎눈에게
마지막 인사를 했다

바람 되어 물 되어
또한 흙이 되어

* 백마문학회 우듬지 2008 겨울 제4호

비석과 허난설헌

들개가 지나다
차가 지나다
우러러 본다
회색 중절모를 눌러 쓴
검은 정장의 노신사

끓고 있는 가마솥을 앞뒤로 부여안고
억센 여물을 새김질 한다

바람이 지나다
구름이 지나다
내려다 본다
아들 딸 업으시고
가는 떼짱모시 차림새도 고운 그녀

난이 피고 눈이 내리고
골골이 흐르는 냇물을 따라 바다로 간다

* 백마문학회 우듬지 2008 겨울 제4호

혼자 가는 길

그림자랑 함께 가는 밤은 외롭지 않습니다
어서 앞서 가라고 재촉합니다

달님과 함께 하는 밤은 그립지 않습니다
그리움을 수시로 그려줍니다

나랑 함께 하는 밤은 슬프지 않습니다
고이 잠든 추억들을 데려다 줍니다

* 백마문학회 우듬지 2008 겨울 제4호

숨바꼭질

휘영청 늘어진 여름 달밤
노릿노릿 알 배 오른 보리밭 고랑에
숨바꼭질 한다고 배 깔고 기면
구름 속의 도깨비가 치마를 뒤집어 씌웠다

허연 엉덩이는 달님이 점 찍고
자두만한 젖무덤은 개구리 개골 제꺼라네

어쩌지 어쩌나! 뛰어 나가 버려?
아니지. 아니야.
소꿉장난 할 때 아버지 밥 그릇 한다고
밭고랑 길 때 주워 치마 말에 꼭꼭 넣어 둔
거름에 삭고 삭아 눈처럼 뽀오얀 꼬막 껍질.
살그머니 술래한테 갖다 주면 안될까?

부엉

저놈의 부엉이는 왜 또 울어
술래도 무서워 제 자리 걸음인
버드나무 춤추는 으스름 달밤에.

약속

밭에서 농사 지어 온 거라며
길에서 불은 젖을 비비며
애기 같은 딸기를 팔고 있는 새댁

꼭 한 박스 팔아 주고 싶었는데
운동 갔다 오는 길이라 돈이 없었다.
값만 물어 보고, 오후에도 팔 거냐고
2시 쯤 꼭 사러 오마고.

갔다 왔다 30분 거리
손자들 어린이집에서 오기 전 갔다 온다고 서두르는데
이웃 집 아주머니, 모처럼 놀러 오셨다.

애기가 젖 먹을 시간이면
어김없이 젖가슴이 찌르르르 쥐는데
새댁이 또 젖을 비비며 애타게 기다릴 텐데
샘물처럼 볼쏙볼쏙 젖 먹을 애기 생각하다가

우유 한 잔 대접 한다는 게 그만
받아 논 쌀뜨물을 부어 왔다.

자초지종 백배 사죄.

흔쾌히 일어나 100m를 9초 얼마로 달렸다.

가슴을 움켜 쥔 새댁
함박웃음에 떨이라고 고마워하며 천원이나
깎아 주었다.
나는 몇 번이나 고맙다며
받은 걸로 할 테니까 택시 타고 가시라고,
어서 가시라고 했다.

딸기가 그렇게 달 수 없었다.

왔다가 가는 것

발밑에 떨어진 벌레 먹은 나뭇잎
새끼들 어릴 땐 오금 저렸지

담 밑에 꽈리 새 순 올라올 때 보았니?
5월의 신부들은 얼마나 당당하니?

무당벌레 콩잎 타고 짝 짓기 할 때
햇볕은 또 왜 그리도 샘을 내는지

넌 보았니?

매미 울음 마지막, 버드나무 가지에서 넘어갈 때
자고 나니, 대나무 가지로 얽어 놓은 울타리가
나팔꽃이 올라 가, 빨강 파랑 꽃봉오리 맺어 놨던 울타리가
간밤의 태풍에 모두 드러누웠데!

그래도 가을엔 빛나는 불꽃을 토하고
여한 없이 떠나는 나뭇잎이네
왔다가 그렇게 나뭇잎처럼 가는 것.

2012년 8월에

더운 날엔 강으로 가자.
풍덩 한 마리 물고기처럼
한없는 몸짓으로 이승을 날아보자.

추운 날엔 산으로 가자.
구불덩 살찐 곰처럼
한없는 담금질로 굴속에서 편안히 저승의 꿈속에 잠겨보자.

길

나뭇잎과
바람과
해와 달과
그리고
별만 보이는 곳

내
영혼의
그물코를 꿰고
저 높이 높은
한오라기 연(蓮)대에 메여
팔랑이는
한 마리 나비

오늘은 날개를 접을란다.
딸도
지어미도
며느리도
엄마도

앞가르마 탄 세월에
나를 묶고
그렇게 떠날란다.

남색양단 두루마기
새아씨때처럼 곱게 여미고

나뭇잎과
바람과
해와 달과
그리고
별만 보이는 곳으로

눈망울

동방삭이 풀잎의
향긋한 이슬 눈

토란잎에 춤추는 어린 진주알

처마 밑에 울고 섰는
바이없는 고드름

잎

돌아 볼까, 어쩜 아니
가 버린 님

미련 없이, 하마 올까
문 밖에 선 마음

오동은 물들레라
풋콩 같은 그리움으로

기인 긴 뙤약볕
파아란 거울 속에

눈 맞추어 속삭이던
그 한 마디

부디 잊어 달라
차마 떠난 그 길을

소복이 하이얀 마음
덮어 줄 것을

유자

십수년 만에
길에서 만난 내 친구는
세탁할 옷가지 보퉁이를 들고 있었다

굳이 뒤에 또 만나자는 걸
고집부려 따라 가 본
두 평 남짓한 세탁소 안엔
벽이며 천장이며 빼곡이
세상살이 이야기가 도란도란
내 친구 손때와 묻어 있었다.

남편도 죽고
혼자서 세 아이를 대학까지 보내며
그래도 웃을 때마다 곱게 지는 주름살엔
아이들의 좋은 엄마가 꿈처럼 피어났다.

차 한잔 하고 가라며 붙잡는 옥자를
바쁘다고 핑계대며 나오는 나에게
콧구멍만한 방 안에서

며칠 전 누가 갖다 주더라며
노어란 유자 한 개를
내 손에 꼭 쥐어 주었다.

이태리제 향수보다 몇 배나 더 좋은
화장기 없는 내 친구 냄새를
내내 맡으며
시내버스를 타지 않고 걸어서 집에 왔다.

내 어릴적

— 현정, 유정에게

십리길 들말엔 땅콩밭이 있었지
강가 모래밭이라 밀 베어내고
고구마랑 참깨랑 땅콩 밖에 안 심었어.

점심 먹고 땅콩씨 갖고 오라는 언니 글 보고,
책 보따리 던져 놓고 땅콩씨 자루 메고
옆집 연자랑 쫄랑쫄랑 신작로 따라 걸었지.

길 양쪽으로 풀들은 내 키만큼 자라 동무 해 주고,
뙈약 볕도 아랑곳 없이 조잘조잘 가다가
길 한 가운데 서 있는 말구루마를 만났어

큰 두 눈을 껌벅껌벅, 힐끔힐끔 쳐다보는 꼴이
길다란 두 다리로 차 버릴까?
넙죽한 입으로 히힝 물어 버릴까?

아무래도 무서워 둘이서 손 잡고
밭으로 살금살금 허리 굽혀 지나가다가

어메 저게 뭐신고?

검으스레 갈색으로 어른 팔뚝만한게
꼬리 밑에 덜렁거리는데
말 봉알이여, 아니여 말 자진겨,
요상하여라 그것만 보고 걷다가

에그머니 이를 어째 똥통에 빠져 버렸네.
연자는 울면서 엄마께 일르러 가고
그래도 땅콩씨만은 놓치지 않고 기어올라 와
새로 산 나비 코고무신만
똥물에 질척이는 게 아까워 벗어 들고
엄마와 언니가 놀라 달려오는 길을
의기양양 걸었지.

곱게곱게 물든 빠알간 저녁노을이 내릴 때까지
엄마랑 언니는 밭에서 열심히 땅콩만 심고
연자랑 나는 강에서 돌 들시며
소래 고동 잡는 데만 정신 팔렸지.

한 해가 간다

둥, 둥, 둥
하이얀 옥양목 치마 따라
샛푸른 댓잎이 춤을 춘다.

오! 연보랏빛 세석의 철쭉이여
장대비 속의 수양버들이여
가슴을 저미고 가는 바람이여
목마름이여

둥,둥,둥
트이지 않는 말문
빈 하늘 가르는 댓잎소리
神은 어디에

엄마의 유산

젊었을 적 손수 짠 삼베로 손바닥만하게 곱게 만든 바늘 쌈지.

굽이굽이 애환이 서린 자신의 머리카락을 빗을 적마다 모아 볼록하게 넣어 푸른색 양단 매듭을 예쁘게 묶어 장식해 시집올 때 내게 준 바늘 쌈지.

이불을 시침할 때 쓰는 대바늘과 청바지 등 솔기 두꺼운 것 바느질 할 때 쓰던 세침까지 대여섯개의 바늘이 사오십 년의 희노애락을 반짇고리에서 나와 함께 했다.

옛날이야기를 사실로 믿으시던 선한 엄마의 눈동자와 오늘도 중침으로 속옷을 기우면서 대화한다.

엄마 때문에 행복했노라고. 그래서 모든 걸 참고 이겨왔노라고.

세상사 배려라는 것

나이라는 것이 이런 것이라면
좀 더 성숙하고, 아니 차라리 비켜가자.
단풍은 져 앙상한 나무만 반겨주는 내장산엔
땅 위에 시체들도 아름답게 보시하는 저 낙엽의 사랑을
나는 실천할 수 있을까?
마지막 불꽃을 태울 수 있는 삶은 아름답고
그 애무를 받을 수 있는 나는 행복하다.
신이여!
언젠가는 또다시 만날 날이 있으리요?
나에겐 동무가 하나 있다.
항상 나에게 올라붙은 그림자 같은 동무

＊투병 중에 쓴 글

2부

민들레

성냥공장

고사리 손들의 성냥개비를 화투패처럼 골라 세워
제 집에 넣어준다.
빠른 손놀림이 월급기준이라는 건 모두 다 안다.
그래도
불타듯 빠알간 화약알이 나올 땐 해처럼 따뜻하다.
환한 분홍색 화약알이 나오는 날은 우리 모두 꽃이 된다.
노아란 화약알은 개나리처럼 속닥거린다.
쏴한 화약냄새도 왼종일 고픈 배를 채워 준다.
도란도란 싸 온 김치도시락은 언니가 내게 준 가장 기쁜 선물이다.

시작 노트 _

옆집엔 사범학교 졸업하고 선생 나간 안병호 오빠와 연옥, 연순, 연자 자매가 어머니와 살았다. 육이오사변 때 한 날 한 시에 아버지를 잃고 홀어머니 밑에서 살던 우리는 동병상련을 앓듯 형제같이 지냈다. 가운데 연순이가 나보다 한 살 위였지만, 셋 다 친구 같았다. 어머니가 오빠한테 가고 없는 날은 어김없이 그애들 집에서 놀다가 잤다. 버섯같던 초가집 단칸방에서 우리는 화투로 도둑놈 잡기를 했다. 비광이 도둑놈으로, 뽑으면 팔뚝을 맞거나 이마를 튕기기도 했다. 그때 헝클어진 화투패를 고르게 하는 법을 은연 중에 익힌 게 성냥공장에서 유용하게 쓰일 줄은 미처 몰랐다. 연순이랑 같이 다녔다. 수제비만 끓여도 울 너머로 주고 받던 어머니들의 따뜻한 정이 짜안하게 그립다.

〈1960. 4.〉

팔려간 씨암탉

키가 작아서 맨 앞에 앉았다.
손수 짠 무명치마 저고리를 푸새해서 빳빳이 차려입고
씨암탉을 팔아서 졸업비 마련해서 불려오신 어머니.
선생님 앞에 꾸중 듣듯 말없이 눈물만 흘린다.
한번도 본 적 없던 부처같던 어머니의 눈에서
그때 나는 비로소 철이 들었다.
나로 인해 다시는 불쌍한 어머니의 눈에 눈물을 흘리게 하지 않겠노라고.

2년 내리 담임을 맡으셨던 금정식 선생님.
언제나 투표로 반장에 뽑혀 녹두장군이라던 제자가
중학교 시험도 못 쳐본다니. 또한 얼마나 애타셨을까.
시험 칠 돈은 걱정 말고 옷만 해 입히라고
장학생으로 능히 들어갈 거라고
데릴사위였던 혈혈단신 이북에서 오신 형부는

폐결핵으로 작은 방에 넙치처럼 누웠고
첫 애 낳은 언니는 처녀 때처럼 날만 새면 수건 쓰고 땅만 파고
제사만 일 년에 여덟 번 지내던 한 많은 종부인 홀어머니는
백골양자인 사촌오빠도 중학교 시험 한 번 못 쳐보고
지게 지고 제집 농사짓는다고 나를 달랬다.
차돌 같던 내 고집이 그날 이후론
제비표 성냥공장을 학교처럼 다녔다.

시작 노트 _

동 틀 무렵이면 도시락을 가방처럼 싸 들고 수런거리는 푸른 들판을 지나 건너 편 서쪽 산 밑에 있던 성냥공장을 윗동네 아이들과 같이 다녔다.

사장집 옆에 붙은 공장에선 안집이 훤히 보였다. 내 또래였던 사장집 딸이 하얀 브라우스에 곤색치마 교복을 입고 학교 가는게 가끔 부러웠다.

라이터가 없던 때라 담배 피울 때 쓰는 작은 성냥갑과 가정에서 주로 쓰는 크고 작은 성냥갑에, 헝클어져 나온 성냥개비들을 손으로 고르게 해서 성냥갑에 알맞게 넣는 수작업이었다.

작업대에 마주 앉아 빨간색, 어떤 땐 분홍, 갈색 등 갖가지 색깔의 화약이 녹두알처럼 붙어 앙증맞은 성냥개비를 화투처럼 고르노라면 내 마음도 색깔 따라 한없이 꿈이 피어났다.

부녀가 눈썹이 없던(나병환자였던 듯) 인물 고운 나이많은 언니는 언제나 그린 눈썹으로 화장을 하고 그야말로 번개같은 손놀림으로 우리들을 가

르치고 같이 일하며 감독했다. 머리가 허옇게 센 할아버지 같던 언니의 아버지는 공장 책임자였다.

오년 여 동안 나는 그렇게 돈을 벌어 불쌍한 어머니를 도울 수 있다는 것만으로도 행복했다. 더구나 보건소에서 결핵약을 타먹으면서부터 나아지기 시작한 형부와 큰조카 미숙이의 재롱과 둘째 미현이가 태어나면서 집안에 웃음꽃이 떠나지 않았다. 형부의 병 때문에 그 뜨거운 여름날에도 서부시장에서 개고기를 반마리씩 사다가 삶으시던 어머니의 정성이 아들을 위하는 것 같았다. 내장(간, 콩팥, 폐 등)도 삶아서 식구끼리 둘러앉아 오순도순 맛있게 먹던 기억이 지금도 아련해 개고기에 대한 편견을 없애준다.

〈1960.〉

만남과 이별

꾸덕꾸덕 땅이 얼었다.

수건을 쓰고 이웃집 날일로 장미 접한 모종을 심었다.

철조망 너머로 불어오는 강바람은 매서웠다.

다음 골을 심으려고 일어서는데

기품있는 한복과 진주여고 교복이 옷깃을 날리며 걸어오고 있었다.

오년여의 세월이 흘렀지만 알아볼 수 있었다.

연임아!

모종 잡은 손이 떨렸다.

이 년 동안 한 반에서 정답던 친구.

방과 후 가방 메고 놀러가면 언제나 바느질을 하시며 먹을 것으로 챙겨주시던 고마운 어머니.

연임이 아버지는 혼자 서울서 공부하다 육이오사변 때 월북했고

우리 아버지는 혼자 족보함 지키다 미군 비행기에 폭사했고

연임이는 첫애였고 나는 마흔두동이 막내였고

연임이 어머니는 우아한 한복차림으로 가끔씩 학교에 오셨고
우리 어머니는 날센 무명옷 차림으로 딱 한 번 육학년 때 불려 오셨고
연락하며 지내자고 마주 잡은 손과 손이 강바람처럼
편지만 오가다 서울교대 합격하고 떠나간 연임이.
내겐 많은 자각과 함께 우정을 나눈 영원한 내 친구!
오십여년을 오고 간 그 많은 편지들과 만남. 그가 나를 가르쳤다.

〈1965. 4.〉

은인(恩人)

어릴 때 약을 잘못 써
코가 내려 앉았다는
목젖에 있는 혀뿌리가 다 보이던
해골 같던 천시호
나보다 두세 살 위였지만
윗동네 움막같은 집에서
홀아버지 모시고 서넛 동생을 거느리고
가장처럼 당당하게 살았다.
어느날 선생님처럼 안타까운 눈길로 〈중앙강의록〉을 보여주었다.
배움에 만큼은 고둥처럼 슬프기만 했던
내겐 꿈같던 은인
제대로 고맙다는 인사도 못했는데
몇 년 뒤 죽었다는 소문을 들었을 땐
내 지식도 함께 죽었다.

시작 노트 _

천시호는 큰고모집 큰딸이었던 봉래언니(천병태 엄마)의 시댁 조카였다. 어릴 때 어머니를 잃고 윗동네 신안포도원 옆에서 홀아버지와 함께 살았다. 코가 뻥 뚫린 얼굴이었지만 언제나 웃는 얼굴이 당당해 한 번도 무섭다는 생각은 들지 않았다. 조카인 봉근이와 병태를 통해 어둠 속에 북극성처럼 내게 배움의 길을 열어 준 단 한 사람. 그는 은인이었다. 그러나 찾아가 변변히 고맙다는 인사도 한 번 못했는데 죽었다는 소문을 들었을 땐 그동안 배운 모든 게 너무나 허망했다.

〈1965. 10.(18세)〉

뽕나무 접

딴 접은 모두 들판에서 하는데
뽕나무 접은 정이월 어두컴컴한 창고에서 했다.
알 전구의 낮은 촉수가 너른 창고를 희미하게 비추고
사람들은 양반다리를 하고 앉아 대목을 빗고 담았다.
길게는 한 달… 눈접을 했다.
하루종일 일하고 쌀 한됫박 값.
그나마 허드렛 일은 보리쌀 한되 값.
더 달라고 하는 사람은 아무도 없었다.

시작 노트 _

성냥공장을 다닐 땐 학교를 다니는 것 같았다. 반대편으로 가긴 했지만, 추울 땐 들판을 바람처럼 달렸다. 그렇게 오년을 지나고 조카들이 둘 셋 태어나면서 내가 농사일을 거들어야 했다. 형부가 농사도 채소에서 수익이 좋은 정원수로 바꿔 지으면서 잔손이 필요했다. 접목일은 기술이라 일삯이 비쌌다. 대부분 아랫마을 김경장씨 집에서 품삯일을 하면서 그곳에 온 대구접목 기술자들에게서 접목 일을 배웠다.

나는 주로 감는 일을 하면서 접목기술을 보고 여가 나면 자꾸 해보고 배웠다. 가식해놓은 대목을 빼다가 좋은 품종인 뽕나무 가지에서 눈을 빚어(1cm) 대목을 째고 넣는 기술이었다. 장미접과 비슷했지만 대목과 눈에 목질을 그대로 두고 빚어 넣은 것이었다. 목련접도 비슷했다.

감나무나 밤나무 등은 모두 절접을 했다.

〈1996. 02.〉

주경야독

가물거리는 등잔에 기름을 붓고
중앙강의록 초록색 표지를 펼치면
감겨지는 눈동자가
점점이 돋아난 글밭 속으로
뚜벅뚜벅 걸어간다.
몰라서 눈물겼던 어제가
알아서 고마운 오늘이

날밤을 새우고 짜내도 (참고서 한권 없이)
이해가 안되는 졸업시험을 풀다가
그대로 일터로 가면
쇠스랑을 든 이가 내 뒷꼭지를 사정없이
내려치는 환영에 전율했다.

콧물 속에 보도시* 졸업장을 받던 날
삼년 여름 같이 한
파란색 중등과정 초록색 고등과정 (스물네 권)
헤어진 강의록을 맨 먼저
강물 위에 낙엽처럼 떠내려 보냈다.

* '겨우'라는 지방어(경상도)

시작 노트 _

學而時習之면 不亦說乎아
(배우고 그것을 때때로 익히면 기쁘지 않겠는가)
〈論語〉 學而 第一편.
참으로 힘들고 행복했던 날들이었다.

〈1965-1968.〉

뭉게 구름

시월 말에 태어 날 첫 아이를 배에 안고
시월 초순까지 장미접을 붙였다.

쪼그리고 앉아서 발밑의 찔레순에
색색의 장미눈으로 새 생명을 불어 넣었다.

갈비뼈가 떨어져 나가는 것 같아
간간이 잔디밭에 벌러덩 드러누웠다.

파아란 하늘엔 하이얀 뭉게구름이
꿈처럼 피어오르고 있었다.

시작 노트 _

언니네 장미접을 붙였다.

만삭이라 배는 부푼 풍선 같은데 땅 위 1cm 쯤 찔레가지 밑둥에 접칼로 T자로 째고, 잎을 제다 날리고 잘라온 장미가지에서 역시 1cm쯤 눈을 따서 목질을 빼어내고 손톱으로 T자 찔레껍질을 벌리고 장미 눈을 넣자니 예사 고역이 아니었다. 언니는 비닐로 눈만 내 놓고 칼질한 부분을 감았다. 배운 도둑질이라고 그냥 해줘도 될텐데 품삯을 받고 해주니 더욱 힘들었다. 가장 아픈 곳이 갈비뼈라 참다참다 간간이 팔려고 심어 놓은 잔디밭에 가서 누워 쉬곤 했다.

배 안의 아기가 눌려서 힘들고 잘못될까봐 가장 겁이 났다.

〈1972. 10. 8.〉

첫 울음

푸른 남강에
물고기가 뛰노는 출렁이는 남강에
걸터앉아 빨래를 했다.
배가 아팠다.
금방 괜찮아져서
방망이 소리가 건너편 망경산에 메아리쳤다.
고운 모래밭을 지나
하늘높이 늘어선 버드나무 강둑길을 오르자
또 배가 아팠다.
아하! 그렇구나
저녁 먹고 누웠자니 방아 찧듯 아팠다.
이 신 벗어놓고 들어가면 다시 신을 수 있을까
해산 앞 둔 여인의 마음을 이르던
친정어머니가 달려왔다.

밤새도록 잦아지는 고통에
악다문 이빨 사이로
그 신발 다시 신겠다고 다짐하고 또 다짐했다
마알간 황금빛 새아침의 해가 돋고
기어이 불려온 의사가 오자마자
온 세상을 들이마신 높디높은 첫 울음.

시작 노트 _

현정이를 낳으면서 첫애라 참 힘들었다.

오전부터 시작된 산고가 그 다음 날 오전 일곱 시가 지나서 낳았으니 거의 하루를 배를 틀었다.

가난했던 시절이라 산파를 부르지 못했다. 앞집에 살던 준규오빠는 산파를 불러 현정이와 비슷한 시간에 진민이가 태어났다.

아래가 찢어진 걸 깁지도 않아 한 달여를 무릎으로 기어다녔다.

〈1972년 10월 27일 시를 쓰고 2013년 3월 3일에 옮겨 적음〉

마중

손수레가 간다.
조그만 여자가 매달린 듯 밀고 간다.
커다란 고무통 두 개엔 식당짬밥이 돼지처럼 춤을 춘다.
갑자기 소나기가 쏟아진다.
의지할 곳 없는 강변엔
보랏빛 싸리꽃도 그냥 비를 맞고 섰다.
강물은 흐르고 땀방울도 흘러간다.

멀리서 아장아장 비닐우산 두 개가 보살처럼 걸어온다.
동생 손을 꼭 잡은 채 파란우산을 건네는 아이 눈엔
그렁한 눈물이 샛별처럼 반짝인다.
힘센 작은 여자는 한 손으로 손수레를 사실인양 밀고 간다.
파랑우산 뒤으로 노오란 우산이 오종종 따라간다.

시작 노트 _

사철 푸른 큰 히말라야시다 나무 한그루가 있었다.

가축을 사육하기 위해 지은 작은 농막이라, 울타리도 대문도 물론 마루도 없었지만, 방만 한 칸 딸린 농막 앞엔 그 나무가 시원하게 그늘을 만들어주었다. 그래서 우린 그 아래 평상을 놓고, 남편과 딸 둘과 넷이서 여름이면 항상 그 나무 아래서 밥을 먹었다.

결혼하고 나서, 비가 오면 연탄아궁이가 창문 밑에서 그대로 비를 맞아 우산을 들고 밥을 해야 하는, 부엌도 없는 단칸방에서 세 들어 살다가 농막이나마 부엌이 있는 곳으로 옮기고 보니 부자가 된 기분이던, 그런 때였다.

날씨는 맑고, 산 위엔 솜처럼 아름답게 피어오른 뭉게구름이 절로 노래를 흥얼거리게 만들었다. 거기다 강변길을 따라 쭉 늘어선 싸리 꽃은 보랏빛, 분홍, 흰색의 꽃망울들을 흔들며 반겨 주는데 누군들 즐겁지 않겠는가?

나는 리어카에 고무 통(플라스틱)을 싣고 강변길을 지나 촉석루, 남강철교를 건너 진주역전 뒤에까지 약 20리 길을 단숨에 갔다.

그 곳엔, 큰집이웃과 식당에서 모아주는 구정물(가축이 먹을 수 있는 음식 찌꺼기)을 실어와 돼지를 키우는 것이 나의 일과였다. 이쑤시개나 비닐 등을 골라내고 큰 솥에 부어 삶아서 돼지사료로 사용하면 사료 값이 적게 들어 힘들었지만 수입이 괜찮았다. 한 칸에 다섯 마리씩 두 칸에 열 마리를 번갈아 가며 키우다 보니, 체구가 작은 나는 등에 담이 들어 파스가 떠날 날이 없었지만 번질번질 새까맣게 윤기 나며 잘 크는 돼지들을 보면서, 그리고 소꿉놀이나 숨바꼭질에 여념이 없어 떼쓰지 않고 잘 자라는 딸들을 보면서, 비록 도움을 받을 수는 없었지만 공무원 직분에 충실한 남편과 함께 마냥 희망에 부푼 날들이었다.

집집마다 구정물을 거두어 통에 가득 싣고 집으로 돌아오는데, 무덥지근한 날씨였지만 그 맑던 하늘이 갑자기 어두워지더니 소나기가 쏟아졌다. 비가 올 것이라고는 생각도 하지 않았기 때문에 비옷도 준비하지 않아서 남의 집 처마 밑에 좀 서 있으려니, 애들 걱정도 되고 빗줄기도 작아져서 그냥 비를 맞고 집으로 왔다. '가랑비에 옷 젖는다.'는 말이 있지만 옷이 젖는 줄도 모른 채 반은 뛰다시피 오고 있는데, 강변에 다다르니 늘어진 싸리꽃대 사이로 노랑 파랑 비닐우산 두 개가 걸어오고 있었다. 가까워지고 보니 딸들이었다.

"비가 와서 엄마 마중 나왔어요. 유정이도 자꾸 가자고 조르고."

여섯 살인 큰딸이 우산을 내밀면서 말했다.

"난 엄마가 비에 떠내려 간 줄 알았어요."

다섯 살인 작은 딸이 울면서 말했다. '아! 그래 딸들도 내 걱정을 하고 있었구나.'

"떠내려가기는, 엄마가 얼마나 힘이 센데, 마중까지 다 나오고 우리 딸들 다 컸네. 고마워!"

감격해서인지 눈물이 나오려는 걸 참으며 꼭 안아줬다. 그러나 한 손으로 우산을 들고, 한 손으로 무거운 리어카를 끌 수 있을 만큼 '힘이 세지 않은' 나는, 엄마는 이왕 비를 맞아서 괜찮다고 도로 큰딸에게 우산을 씌워

앞장 세웠다.

학교 다닐 적에 비 오는 날, 친구들이 다 떠난 교실 앞 현관에서 망설이며 기다리다, 언니가 마중을 온 그 순간, 우리 몸에 피가 흐르듯, 정(情)이 믿음이 옮아와 돈다는 것을 느꼈던, 그래서 어긋날 수 없다는 것을 알았던, 그때가 생각나서 다시 한 번 딸들을 안아주고 싶었다.

빨리 오느라 땀인지 빗물인지 모르고 달려오던 걸음을 아이들의 아장거림에 맞추며, 그제야 비가 정말 시원하다고 느꼈다.

〈1977. 7. 16.〉

하필이면

발가락이 시리다
북풍을 안고 자전거를 타고 가는 새벽 다섯시
비탈진 둑길을 애벌레처럼 오르면
곱은 발가락은 그제야 풀어진다.
뒤벼리 목가서 시외버스터미널 앞 매일우유 대리점
여자들 몇이 이미 와 있다.
크고 작은 비닐팩 종이팩 각종 맛의 우유와 요구르트를
나란히 나란히 플라스틱상자에 담아 여섯칸을 올리면
앉은 내 키를 훌킷 내려다 본다.
차츰 차가 많아지는 중앙시장을 돌면
등에 붙은 놈들은 신난 듯 흔들거린다.
배달하는 상봉아파트까지는 남편이 근무하는 관청을 지나야 한다.
새벽종이 울렸네 새마을 노래가 확성기에 요란하고
대나무 빗자루를 든 사람들은 묵은 세월 쓸기에 여념이 없다.

오늘도 저 곳을 무사히 돌아가길!
꺽인 도로를 조심조심 도는데 화가 난 버스가 휙 지난다.
속절없이 나동그라진 자전거는 말처럼 두 발을 공중에 떨고 있다.
튕겨 나간 우유들도 시멘트 길 위에 허옇게 터져 누웠다.
비질하던 사람들이 우루루 몰려오고
상표 붙은 모자를 깊숙이 내려쓰고 또 내려써도
알아보는 이 있어
얼른 바께쓰에 물을 담아와 씻어 자전거에 싣고
고무줄까지 고삐처럼 단단히 매어준다.
불을 담아 부은 얼굴은 아파트 끝층인 오층까지
단숨에 뛰어올라와서야 사그라지기 시작한다.
손에는 우유가 그대로 들려 있다.

시작 노트 _

집을 짓고 빚이 예상보다 곱절이 많았다. 집을 담보로 은행에 싼 이자를 쓸 생각은 몰라서 못했다. 월급만으로는 다달이 이자 주기가 힘들었다. 새 집에서 돼지도 못 키우겠고 고민 끝에 우유배달을 해 보려고 막무가내 대리점을 찾았다. 소장이라는 분이 면담을 하더니 상봉아파트를 개척해서 해 보라고 했다. 몇 날 몇 일을 선전 책자와 우유, 요구르트를 호실마다 돌며 설득하고 주문을 받았다. 도로변의 가게들도 끈질기게 방문했다. 그때는 아파트도 생경하고 엘리베이터도 없던 때라 당연히 걸어서 오르내렸다. 시삼촌 자전거가게에서 튼튼한 중고자전거를 사서 시작한 우유배달은 남편의 극심한 반대로 그만둘까도 생각했으나 할 게 없었다. 다달이 돈이 들어오니까 계를 짜서 했다. 계주가 1번과 끝번을 하니까? 계를 타서 빚을 갚고 이자를 줄 돈으로 계를 부어나갔다.

빚은 주로 대아중학교 강선생 댁 돈을 썼다. 그 집도 계군으로 들어주었다. 계원도 어릴 적부터 잘 아는 믿어온 동네사람들이라 십여년을 해도 깨진 적이 없었다. 여름이면 왜 그리도 빵구가 잘 나던지… 무거운 자전거를 끌고 멀리있는 가게에 가서 빵구를 떼워서 윗동네인 들말까지 배달하고 오면 오후 세시가 넘을 때가 많았다. 좋은 새집에 한 번 사시다가 돌아가시라고 모시고 온 어머니는 매일 집 난간에 걸터 앉아서 딸이 오나 안 오나 하염없이 신작로를 내다보고 계시던 모습이 지금도 눈에 삼삼인다. 언제나 내겐 불쌍한 어머니였다.

초등학교 6학년 철들면서부터.

〈1983. 1. 5.〉

빈 손

졸업여행을 못간 나는
졸업여행을 보냈다. 딸을.
용돈까지 쥐어서.
며칠 만에 돌아온 손녀를 할머니와
동생이 이산가족처럼 반긴다.
가방을 열고 옷을 다 꺼집어내도록
병아리같은 눈으로 열심히 손녀 손을 살핀다.
없다. 아무 것도.
사탕이라도 한 알 사와 함죽한 팔순 할머니 입에 넣어드리지.
생각하는데
부스럭부스럭 안주머니에서 꼬깃꼬깃 접은 용돈을
그대로 내 손에 쥐어준다.
우유 하나 배달하러 오층까지 오르내리는 엄마생각에
가슴에 쿵 불일폭포가 떨어졌다.

아이의 손을 잡아 꼬옥 안아주었다.

시작 노트 _

친구들이 맛있는 것 사먹을 때 입만 쳐다봤을까. 친구들이 별난 장난감이나 기념품 살 때 어린 마음에 얼마나 사고 싶었을까. 동생과 할머니도 생각났을텐데. 그 맘때의 나를 보는 것 같아 눈물이 날려고 했다. 이제는 돈 버는 것보다 돈 쓰는 법을 먼저 배우라던 말을 곰곰이 생각게 한다.

〈1984.〉

졸업식

초등학교 1년 개근
우유배달 6년 개근은
순전히 아비없이 자란 이 몸에 밴 오기였다.
중학교 졸업식이라는 큰 애를 생각하고
첫새벽부터 솔바람 날리며 배달을 했다.
대나무숲이 도로변으로 청정한 진주여자중고등학교 교문 앞
학교엔 처음이다.
아직 졸업식은 끝나지 않았겠지?
자전거를 세우며 돌아보니 꽃 파는 사람들도 떠나버린
파한 우시장이다.
교문을 들어서니 쏟아지는 사람들 앞에
혼자서 터덜터덜 걸어오는 딸아이
얼른 뛰어가 억머구리(맹꽁이)같은 손을 잡았다.
늠름한 곤색 매일우유제복이 오늘따라 을씨년스러웠다.

시작 노트 _

7년여의 우유배달을 하는 동안 애들은 초등학교에서 중학교를 거쳐 현정이가 고등학교 2학년 때까지 참 바쁘게도 살았다.

우유배달을 끝내고 오후 또는 노는 일요일이면 장미접, 목련접, 오엽송접, 밤나무접, 감나무접 등 남의 일, 내 일 가리지 않고 그야말로 신들린 듯 일을 했다. 내가 감당할 수 있는 체력과 인내와 노력으로, 나는 겁나는 것 없이 젊었고 당당했다. 무엇이 나로 하여금 그렇게 삶에 열심히 매달리게 만들었을까? 그것은 한(恨)이었다. 어머니의 한, 언니의 한이 내게 뭉쳐진, 그 바람같던 恨.

〈1988. 2.〉

민들레

돌자갈밭 새
쏘옥
노오랗게 두 손 내민
앉은뱅이 꽃

하늘을 맞잡은
긴 목엔
은빛 후광(後光)을 두르고
아기는 맨발로 입맞춤 하네

티부르티니 언덕 위
노을 빛 속에
하드리아누스 황제와
사랑을 맺고

톨스토이 풀무덤엔
네 혼(魂)을 묻고

고르디움 신전의
멍에를 푼
그대보다 빛나는
네 날개여!

내일은 또
함박눈 포근한
돌자갈밭 밑에서
어떤 꽃을 피우려 꿈을 꾸나요?

시작 노트 _

"강낭콩보다 더 푸른 강물 위에……."

변영로 시인의 노래처럼 논개의 충절(忠節)로 더 한층 푸르고 도도하게 흐르는 내 고향 진주 남강 변엔 지금도 민들레가 지천으로 피어난다. 집이 바로 강변 쪽에 있기 때문에 모래장난 하러 가자는 손자들의 손을 잡고 봄, 여름, 가을, 겨울, 우리는 거의 이 강에서 놀았다. 민들레는 노란 꽃, 흰 꽃, 앞 다투어 피고 나면, 어느새 예수님이나 부처님의 머리 뒤에 둥글게 비치는 후광(後光)처럼 은빛 아기 새털을 동그랗게 긴 목에 얹고 누군가 불어주길 애타게 기다리는 것이었다. 제일 먼저 꽃대를 발견한 손자가 뛰어가 불면, 겨우 걸음을 익힌 손녀는 오빠가 불다 남은 몇 알 솜털을 그 애찬 입김으로 "후우" 불어 날리는 것만으로도 입이 코에 닿게 웃는다.

오! 낙하산, 누가 저 민들레 꽃씨의 환상적인 비행(飛行)을 보고 낙하산으로 둔갑시켰단 말인가? 분명 그 사람은 시인의 눈을 가진 낙하산 발명자였을 것이다. 손뼉을 치며 눈꽃송이를 잡으러 가는 손자 녀석들과 함께, 나도 훨훨 꽃씨를 따라 날아간다.

기원 후 117년에서 138년까지 재위에 머물렀던 로마 황제 하드리아누스는 로마가 아닌 이스파니아(지금의 스페인) 태생이었다. 그는 "로마제국의 쇠망사"를 쓴 영국의 역사학자 에드워드 기번이 '인류 역사에서 가장 행복한 시기였다.'고 한 그 오현제(五賢帝) 시대의 세 번째 황제였다. 동성애였건, 친 자식처럼 사랑했건, 재위 6년에 그리스 여행길에서 만난 15세 미소년 안티노스를 이집트 여행 중 나일 강에서 잃은 슬픔을 '안티노스, 너에게 카노푸스를 바친다.'며 로마 시내에서 30km 떨어진 티부르티니 언덕위에 별장을 짓고 만든 못 이름 '카노푸스'(안티노스가 익사한 나일 강의 지명(地名)). 이탈리아 정원의 표본이라는 그 곳에서 황제의 지고지순(至高至純)한 사랑을 받으며 네 꿈을 묻고.

묘비명도 무덤도 만들지 말고 흙으로 돌아가게 해 달라고 한, 러시아의 대 문호 톨스토이의 풀무덤에도 네 〈부활〉의 혼을 묻고.

'이 매듭을 푸는 자(者)만이 아시아를 지배한다.'는 고르디움 신전(神殿)에 있는 미다스 왕의 마차의 멍에는 밧줄로 아주 복잡하고 단단하게 채에 매듭지어져 아무도 풀 수 없었다고 한다.

BC 336년, 20세의 나이로 왕위에 올라 이 매듭을 부하들과 친구들(13세부터 아리스토텔레스 스승에게 같이 수학 한) 앞에서 어떻게 풀 것인지 난감해 하다가, 차고 있던 칼을 뽑아 단번에 매듭을 내리쳐 풀어버렸으니, 그의 동방원정은 그리스, 페르시아, 인도에 이르러 아시아와 아프리카에 걸친 동서 문화의 융합을 이뤄 낸, 인류 역사상 가장 위대한 정복자였다고 한다. 〈짧고 굵게〉의 대명사인 그대, 33세의 나이에 말라리아에 걸려 후손도 없이 더 큰 꿈을 접어야 했던 그는 과연, 길고 가늘게 살아가는 이 연하디 연한 풀꽃, 비록 땅에 붙은 보잘 것 없는 앉은뱅이 꽃이지만 그의 꿈은 지구상 어디에도 발붙이지 않은 곳 없이 자신의 날개로 세계를 정복한 이 민들레꽃보다 더 영원하다고 할 수 있을까?

'자연은 위대하다.'고 누가 말했던가?

민들레가 피고 진 강가엔 여름이면 백로가 그림처럼 졸고, 겨울철이면 청둥오리 떼가 무리지어 날아와 물구나무를 서서 물속으로 사라진 뒤, 물고기를 잡아먹는지, 자갈 밑에 숨은 고둥을 잡아먹는지, 족히 삼사 분은 지나야 몇 미터 떨어진 곳에서 고개를 쏙 내밀며 살았다고 알려준다. 매 순간 살아있음에 감사하며, 나도 이 아름다운 세상에 왔다 간 흔적이라도 남길 수 있으면 얼마나 좋을까?

* 참고문헌 〈이탈리아, 지중해의 바람과 햇살 속을 거닐다.〉 -권삼윤 저

〈충남대학교평생교육원 백마문학 2006 1학기 6월〉

족보함(族譜函)

언제나
반달이 농짝 위엔
족보함이 세 식구를
시커멓게 내려다 보고 있었다

세월이
조상과 함께 내려와 앉아
나뭇결만 선명한 시커먼 족보함

시조 김알지에
김녕(金寧) 김씨 몇 대손(代孫)
종손(宗孫) 김형용

육이오 사변 방공호 속엔
족보함이 피란을 해서 살고
아버지는 밖에서 그 이름 지키시다
총 맞아 장렬히 족사(族死)하셨다

3살, 13살 두 딸을 데리고
어머니는 날 업고 피난 보따리 이고
언니는 쌀 3되 이고

업고, 지고, 메고 가는
시동생들 내외들 조카들 따라

그 발길이 떨어졌을까?
그 발길들을 어찌 보냈을까?

눈 뜨면 보이는 족보에
이름도 못 올린 딸 둘이
차마 같이 죽기는 싫었을까?

넘늘 다 찍는 가족사진 한 장 박자고
훗날 애들 커서 보게 한 장 박자고 해도
조반무시* 갓고랑 같은 자네하고 안 찍는다고

농을 하시며 정중히 거절하셨다는 선비처럼 잘 생기셨다던
아버지

영원히 족보에 종손 김형용
영원히 얼굴도 모르는 아버지 김형용

그 뒤 족보함은 어머니 가시면서 함께 떠났다
그리고 나는 그 이전에 벌써 잊어버렸다

시작 노트 _

언니가 아궁이 잿불 속에 묻어 두었던 차돌을 무명수건에 싸고 싸서 손에 들고, 소리만 들어도 서걱서걱 얼음이는 애나무 숲길을 돌아 십리 학교로 뛰어가면 뒷 집 동무 정순자는 아버지가 자전거에 태워 별똥별처럼 휙 달려가던 그 뒷모습이 그렇게도 간절히 닮고 싶던 아버지!

제 어깨에 한 번도 다정히 손 올려 보지 못하신 아버지!

* 일찍 심은 무, 가엣 고랑, 무는 가을에 일찍 심으면 병을 해서 잘 못큼. 가엣고랑도 사람들 발에 밟혀 잘 못 큼. 키 작은 어머님을 빗댐.

3부

황금빛 들녘처럼

미당 서정주 문학관을 다녀와서

우리나라의 대표적인 큰 시인의 문학관을 돌아 볼 것이라는 기대감에 들떠 새벽부터 가슴이 설렜다. 같이 공부하는 동문들과의 문학기행! 그러나 어미오리처럼 따르는 손녀를 억지로 떼어서 할아버지 품에 안겨 놓고 나오면서 자꾸만 뒤가 돌아다 보여졌다. 게다가 오 분 지각으로 이어져 몸 둘 바를 몰랐는데 28인승 큰 차에, 반도 못 채운 열 세 명의 인원이었지만, 쾌적하고 아늑한 분위기가 모든 걸 감싸 주었다. 또한 교수님의 해박한 지식과 체험에서 우러나온 강의와 문우들의 시 낭송은 단번에 온 차를 꽉 채우고도 남는 열기였다. 시 낭송은 주로 서정주 선생님의 시와 차 안에서 들르기로 결정한 신석정 선생님의 시, 그리고 애송시로 나누어 읊으면서 그 시에 대한 해석과 사연들을 교수님께서 일일이 설명 해 주시는 식이었다. 나는 이은주님이 준비해 온 시집에서 서정주 선생님의 시 동천(冬天)을 읊었다. 아직 한 번도 읽어보지 않은 그 시가 선생님의 중년을 대표 할만 큼 유명한 시라는 것을 알고는 내 무지에 한없이 부끄러웠다. 다섯 연의 짤막한 시였지만 읽을수록 그윽한 맛이 우러나는 정말 좋은 시였다.

우리나라 말의 최고의 연금사라는 서정주 선생님의 토속적인 말의 고향인 전북 고창군 질마재 마을에 도착한 것은 정오가 다 되어 갈 무렵이었다.

한 송이 국화꽃을 피우기 위해…….

한 송이가 아닌 노오란 국화가 미당 서정주 문학관에서 건너다보이는 산등성이를 온통 샛노랗게 물들여 놓고 있었다. 아직도 보수중이라 휑한 건물만큼이나 스산한 주변이었지만 선생님이 평소에 쓰시던 낡은 의자와 손때 묻은 일인용 둥근 테이블이 그나마 우리를 반갑게 맞아 주었다. 기대가 크면 실망도 크다고 했던가. 우리나라 대표시인의 문학관치곤 너무 초라해서 놀랐다. 차안에서 시낭송을 들을 때, 내 가슴을 울렸던 선생님의 시 자화상에서, 애비는 종이였다…….라는 자신의 당당한 피토함이 왠지 황량한 주위와 맞물려 애잔한 마음을 금할 수가 없었다. 더구나 안내판 하나 제대로 걸려있지 않은 생가에서, 봄 학기 때 다녀 온 충남 홍성의 만해 한용운 선생님의 생가와 비교되어 착잡한 마음에 많은 것을 느끼게 했다. 나라를 위해 온 몸을 던졌던 만해 한용운 선생님, 그 높은 절개와 구국정신을 누가 따르랴! 조선시대의 매월당 김시습만큼이나 지조가 굳었던 선생님에 비해 미당 서정주 선생님의 친일행각과 군사 독재에 협력한 전력이 생전에도 사후에도 사회에, 심지어 시인들 간에도 갑론을박으로 시끄러운 것을 볼 때, 또렷한 자기의 인생관과 굽힘 없는 절개가 얼마나 중요하고 어려운 것인가를 새삼 느꼈다.

계절과 맞물려, 들에도 벼들은 모두 베어지고 풍요로움이 끝난 허허로움의 벌판엔 그루터기에 다시 솟아오른 파릇파릇한 철 거른 벼 새순들만이 생명의 질김을 보여 주었다. 아 으악새 슬피 우니 가을인가요라는 흘러간

옛 노래처럼, 가는 곳마다 억새는 피어서 외롭게 나그네들을 향해 손을 흔들어 주었다. 제주도의 신라호텔 앞, 그 짙푸른 바다를 배경으로 피어있던 억새들의 무리진 아름다움과 왜 이리 대비 될까? 확실히 올 때마다 느끼는 것이지만 이곳 전라도는 몇 천 년 그대로 내려 온 산이요, 들이요, 사람들이었다. 여기서 보고 자란 서정주 선생님의 시 저변에 깔려 있는 우수 같은 서러움, 그것은 지금도 마찬가지인 현재 진행형이라고 생각되었다. 데이빗 소로우의 월든처럼 자연주의로 남아있는 곳이라고 위안 하고 싶었다면, 내 한 쪽의 마음이 허락하지 않을까?

십여 년 전, 나는 선운사 쪽으로 여행하면서 시비(詩碑), 선운사 동구를 본 적이 있었다.

'막걸리 집 여자의 육자배기 가락에 작년 것만 오히려 남았습디다. 그것도 목이 쉬어 남았습디다.'

아, 아름다운 시구나. 전에도 읽은 적이 있는데 왜 여기서 읽으니 감흥이 새롭지, 하며 선운사 뒤편으로 방풍림처럼 둘러쳐져 있는 울창한 동백나무 숲만 구경하고 나오면서, 언젠가는 이 선운사의 동백꽃을 꼭 보러 와야지 하고 생각했다. 그러나 그 동백꽃을 아직 가보지 못했다. 그때, 그 동백꽃을 못 본 아쉬움을 만회라도 하듯 뜻밖에도 횡재를 했다. 갈 적에도 못 본 걸, 나오면서 보니까 길섶 한 모롱이에 보일 듯 말 듯, 자세히 보니 빨간 꽃잎들을 우산처럼 펼친 채 뜨거운 태양아래 부끄럽지도 않다는 듯, 온 몸을 발가벗고 드러낸 상사화였다. 미당선생님의 동백꽃에만 홀려 아무도 돌아보지 않는 상사화, 나는 그 처연한 모습에 시 한 구절이 절로 떠올랐다.

상사화

선운사 동백꽃에 그늘이 져
길 섶 한 모롱이에 목이 메어
비석처럼 울음을 감추고 섰다.

연모의 정(情) 위에 똬리를 틀고
진홍빛 두 볼에 그리움 새겨
한 풀어 흘러내린 네 춤사위여!

누구에게 그리도 몸과 맘을 뺏겨
가닥가닥 붉은 혀를 날름거리며
넋마저 오롯이 해님에게 태우느뇨?

내 젊은 날 차라리 널 닮아
저고리도 벗어 주고 고무신도 벗어 주고
으스름 밤길에 꽃대 되어 섰을 걸.

나는 그 문학관 앞뜰의 나무에 걸려서 팔랑이던 선생님의 시들을 베끼면서 나를 키운 건 팔 할이 바람이었다를 음미하며 눈가가 젖으려는 걸 참았다. 감당할 수 없는 그 진솔하고 아름다운 시어(詩語)들과 맞물린 시대적 과오의 아픔을 평생 안고 가셨을 선생님! 그 연민의 정을 돌아오는 차안에서 내 온 마음을 다해 옛 시인의 노래로 날려 보냈다.

변산 금구원 조각 공원에 자유로이 펼쳐져 있던, 김오성 조각가의 아름다운 나신(裸身)들의 향연, 그리고 새만금 간척지의 가슴 아픈 생태계 파괴, 생전에 참 잘 생기셨다던 교수님의 설명을 들으며 들른, 신석정 선생님의 단아한 생가에서도 그 분의 모습을 보는 것 같았지만, 미당 선생님에 대한 내 애정을 넘어서진 못했다.

〈충남대학교평생교육원 백미문학 2006 2학기 12월〉

30대 엄마로 살아가기

아침에 눈을 뜨면 먼저 오늘의 할 일들을 생각한다. 대기업의 CEO도 아니고 바깥 활동을 하는 직장인도 아니지만, 내 역할이 결코 작지 않다는 걸 잘 알기 때문이다. 무슨 반찬을 해서 아침을 먹여 내 보내나? 에서부터 잡다한 집안일과 나를 위한 두 시간 정도의 요가나 시 짓기 시간을 어떻게 쓸 것인가? 그리고 아이들 오면 놀아 주고, 도와주고, 재우기까지의 하루 일과를 계획하는 것이다.

오랜만에 딸 식구 넷이 경주로 여행 떠나고 이틀, 정확히 토요일 오후 두 시부터 일요일 오후 네시까지 스물여섯 시간을 휴가 받았다. 애들에겐 정리 할 일이 좀 있어서 안 간다고 했지만 실은, 나만의 시간을 갖고 싶었다. 준비하고 떠난 뒤의 마음대로 어질러진 집안을 그대로 두고 나는 소파에 두 다리를 쭉 펴고 누워, 읽고 싶던 책을 펴 들고 단숨에 행복에 빠져들었다. 이 편안함과 자유로움, 실로 얼마만인가?

작년 팔월, 태어나면서부터 키우기 시작한 손자(다섯 살) 손녀를 데리고 에미 곁으로 오면서 참 많은 갈등을 했다. 이제 이만큼 키워줬으니 무정하다고는 안할 텐데 눈 딱 감고 애들만 보낼까? 따라 오자니 거의 육십년을 한 번도 떠나본 적이 없는 고향을 두고 타향으로 나온다는 게 또 그랬다. 어느 시인이 고향이 망명지가 된 사람은 폐인이라고 했지만, 정녕 시인의 말처럼 녹슬고 있는 폐선이 될지언정 결코 떠나오지 않으려는 남편을 혼자 두고 와야 한다는 것도 걸렸다. 그러나 손녀가 세 살인데도 주말에나 오는 에미를 보고 낯가림을 하고 울고, 안기지도 않으려는 그 무심한 모정에 참담해 하는 딸의 고뇌를 외면할 수 없었던 게, 이것저것 다 떨치고 대전으로 날 떠민 가장 큰 이유였다.

모든 게 낯선 대전에서 가장 힘든 건, 진주의 내 사투리 말을 마음 놓고 할 수 없다는 점이었다. 하다못해 맞은 편 집 사람들을 만나도 내 사투리를 그대로 했다가는 알아듣지를 못할 것이고, 게다가 토끼장처럼 갇혀 지내야 하는 것도 답답한데 얼마 지나지 않아 아래층 젊은 엄마가 애들 발끝으로 다니게 조심시키라는 항의를 두 번이나 받고는 '니, 에나 징역 살로 갈래?' 하던 친구의 말이 그렇게 절실할 수가 없었다.

진주의 개인 주택인 우리 집은 동쪽으로는 남강이 흐르고 서쪽으로 길만 건너면 사시사철 아름다운 나무들이 잘 조성된 공원이 있어 아이들 키우기엔 부족함이 없었다.

시간이 지나면서 조금씩 적응은 되었지만 '시어머니는 아들 집 대문 앞에서, 친정어머니는 딸네 집 부엌에서 죽는다.' 는 말을 떠올리며 참 많은 것을 생각했다. 여자가 직장을 갖고, 아기를 낳아 키운다는 것, 그것이 과연 우리나라의 현실에서 가능한 일인가? 하고, 월급과 애를 맡길 어린이 집의 보육료를 저울질하며 안타까워 할 젊은 엄마들의 모정을 생각할 때, 부모들이 있어 애들을 돌봐 주지 않는 한, 직장과 가정 일을 마음 놓고 할 수 있는 대한민국의 여성들이 과연 몇이나 될까? 저렴한 돈으로도 믿고 맡길 수 있고, 시간별로도 다양한 육아 시설만 따라 준다면, 딸네 집 부엌에서 죽을 나 같은 엄마도, 2세를 가지려는 유능한 엄마들의 고민도, 출산율을 높이려는 정부도, 어느 정도 해결되지 않을까? 하고 나름대로 생각 해 보았다.

한창 책을 읽고 있는데 전화가 왔다. 마산 작은 딸이었다. 아이들 둘 데리고 오후에만 도우미아줌마의 손을 빌리며 직장을 다니는 그 딸에겐 항상 미안한 마음이 든다. 열 손가락 깨물어 안 아픈 손가락 없다는데 아무 도움도 줄 수 없는 친정엄마로서의 애잔한 마음에서다. 나는 아침에 둘을 유치원에 보내면서 바쁘다고 손녀딸 머리도 핀만 하나 찔러 보내는데 작은 딸은 밥 해 먹고, 애들 둘 다 머리 묶어서 챙겨서 유치원 보내고, 제 치장하고 학교에 나가자니 그 생활이 어떠한가를 짐작하며 안쓰러울 때가 많다. 그러나 어쩌랴.

"엄마, 편히 쉬세요."

하는 딸의 피곤에 젖은 목소리를 딸각 끊고, 나는 벌떡 일어나 애들 〈동요 모음집〉을 크게 틀어 놓고 청소를 시작했다. '집에는 아아들 소리가 나야 사람 사는 집이제.' 하시던 돌아가신 어머니의 말씀을 되뇌며

"날아라. 새들아 푸른 하늘을 달려라 냇물아 푸른 벌판을 오월은 푸르구나……."

목청껏 따라 부르며 덜 덜덜덜 청소기를 집어 든 나는 영락없는 30대 임마였다.

〈백미문학회 우듬지 2006 창간호 12월〉

황금빛 들녘처럼

"2일쯤 내려가겠어요."

"애들 유치원 마치고 4일 저녁에 내려오구려. 제물(祭物)은 내가 시장에서 사다 놓겠소."

6일이 추석이니 사나흘 앞당겨 내려가겠다는데 남편은 굳이 작은추석 앞날 내려오라고 했다. 음식 준비도, 가난하고 먹을 것 없던 때 말이지 지금은 옛날처럼 많이 먹지 않으니 일찍 내려 올 필요가 없다는 뜻인 줄은 잘 알지만, 차례 음식이 올목갖아서(갖추 갖추 여러 가지) 어디 하루 만에 되는 일인가? 나는 속으로 웃으며

"그럴께요." 했다.

2일 저녁, 아무래도 마음이 놓이질 않아 손자들을 데리고 진주로 내려가니 벌써 냉장고 칸칸이 생선과 탕거리며 도라지, 고사리, 나물거리까지 사다 넣어 놓은 것이 아닌가?

지리산 깊은 골짜기에서 꺾어다 말린 손가락처럼 굵고 보드라운 고사리 취나물 도라지를 덕산에 사시는 둘째딸 사돈집 사장어른께서 올봄에도 보

내주셔서 제사와 생일 때 잘 쓰고 남아 있는데, 중국산인지도 모르는 기다란 고사리를 보니 화가 나서

"나물거리는 왜 벌써 사다 놓으셨어요?"

하고 타박을 하니 말린 고사리를 찾아보니 작년 것 같아서 그냥 샀다는 것이다. 칭찬을 할 줄 알았는데 오히려 타박을 듣고 보니 머쓱해진 남편이 겸연쩍어 하는 것 같아

"아직 시일이 많이 남아서 상할까봐 그래요."

하고 슬그머니 목소리를 낮추어

"생선은 쓸 것만 고루 잘 사셨어요." 했다.

공직에 있을 땐, 집에 밥이 끓는지 죽이 끓는지 전혀 도움이 없었다. 윗대(代) 제사 땐 아니지만, 시아버지 시어머니 제사 때면 9남매 자녀에 손자손녀들까지 서른 명이 넘는 대식구가 벅적거려 제물은 둘째고 산사람 먹을거리에, 누워 잘 침구류에 부심했던 지난날을 돌아 볼 때, 이건 분에 넘친 발전이라 고맙다고 해도 시원찮을 판국에 타박이라니 얼마나 서운했을까?

나는 살갑게 같이 콩나물도 다듬고 질금도 다듬으며 부침개도 부치면서 도움을 청해 한 몫 끼워 주었다. 남편은 예쁘게 부치진 못해도 마냥 즐거워했다.

형제분들이(남편은 차남) 객지에 있어 도움을 받을 수도 없었지만, 이젠 모두 세상을 떠나 명절 땐 각자 집에서 차례를 지내니, 그나마 딸들 시집가고 나서부터는 언제나 혼자서 준비했다.

친정에서 멋모를 땐, 그 많던 제사 때가 가장 행복했는데(친척들 많이

오고, 먹을 것 많아서) 철들고 나서 직접 준비하면서 어머니의 힘드심을 알고 위로하면, 어머니는 항상

"물 한 잔도 정성이다. 형편에 맞게, 화목한 가운데 예(禮)를 다하면 된다."고 말씀하셨다.

그러나 며칠을 준비한다고 혼자 동동거리고 나면 허리가 아파서 힘들었는데, 도리깨로 보리타작할 때 옆에서 고개만 끄덕여 줘도 수월하다고 하더니, 이번 추석은 남편과 함께 하니

한결 수월했다.

'올 해는 애비랑 같이 준비했습니다. 많이 드십시오.' 하고 마음속으로 빌며 차례를 지낸 뒤, 서울과 마산에서 온 조카들과 함께 성묘 길에 나섰다.

아버님의 고향 마을 뒷산 길섶엔 보랏빛 들국화들이 머리를 갸웃이 내밀며 반겨 주고, 억새는 피어서 마음껏 손 흔들어 인사하고 있었다. 고향에 남아있는 조카들이 이미 알밤처럼 깎아 단장 해 놓은 윗대 조상님들과 함께, 나란히 누워 계신 부모님께 절을 하며 생전에 어지시던 어머님의 모습을 떠올렸다. 어미 닭이 병아리를 품듯이 그 많은 자식들을 나무라고 훈계하시며, 며느리나 여섯 딸들을 차별 없이 사랑 하시어 아우르시던 슬기로우시던 어머니셨다. 홀로 남으신 어머님을 모시다가 노년의 그 외롭고 쓸쓸하심을 다 헤아려 드리지도 못한 채, 중풍으로 돌아가셨다. 그러나 아홉 손가락 똑 같이 아프시던 자식들 아무도, 심지어 같이 사는 아들도 임종을 못했다. 허우대 크시던 어머님을 일으켜 앉힐 때마다 미안해 하시던, 이 작은 며느리의 품안에 안겨서 돌아 가셨다. 자식들의 마음속에 죄스러움을 남긴 채.

성묘를 마치고 내려오니 들판엔 벼들이, 꾀꼬리 같은 빛깔로 당그래(고무래)로 민 듯이 장그라운(손에 만지고 싶도록 좋은) 나락이라고 좋아하시던 친정어머니의 말씀처럼 온통 노랗게 손으로 깎아 놓은 조 됫박 같았다.

아름다운 들녘을 바라보며 고단했던 지난날도 꿈처럼 아련히 웃음 속에 떠오르며, 이제는 머리가 희끗희끗해지는 남편의 큰 손을 살며시 잡았다. 비록 외국산 쌀이 들어와 싼 쌀값에 마음 아플 농부들도 저 들판을 바라보는 순간만은 우리처럼 풍성한 마음으로 희망을 가지시길 간절히 빌면서.

〈백마문학회 우듬지 2006 창간호 12월〉

언제부터 뀌는 방귀요

오랜만에 온 식구가 둘러 앉아 저녁을 먹고 있었다. 마산에 사는 작은 딸네와 같은 진주에 살고 있지만 다 함께 모이기는 어려운 큰 딸네와 한 달에 한 번씩은 온 식구가 다 모인다. 바쁜 세상에 얼굴이라도 잊지 않으려고 모여 정담을 나누는 것이다.

열 식구가 모이니 항상 애들 때문에 시끌벅적하다. 남편은,

"허허, 사람 사는 집 같구먼."

하며 좋아한다. 평소의 지론이, 지리산 먼당(꼭대기, 천왕봉)에 가서 살고 싶은 것이었다. 절에 계신 스님을 부러워하고 훌쩍 떠나고 싶어 하는 그런 마음을 나는 자신이 힘들게 살았던 구남매의 애환에서 오는 것인가 보다하고 넘겨짚곤 했다. 그런 남편이 이 년여 혼자 떨어져 살게 되어 지리산 먼당은 아니더라도 큰 집에 홀로 스님과 같은 생활을 한 적이 있었다. 그러나 혼자 살고 보니 외로웠던지 일주일에 한 번씩은 올라오는 대전에서도 연신 웃음이 떠나지 않곤 했었다. 그때를 돌이켜 보며 모두들 역시 가족은 함께 웃고 부대끼며 같이 살아야 한다고 입을 모아 저녁을 먹고 있는데 큰

딸이 느닷없이 방귀를 뀌고 말았다. 그야말로 조금 과장해서 북치는 소리 같았다. 모두 다 우스워서 밥이 든 입을 다물지 못하는데, 제 남편은 조심성이 없다고 나무랐다. 더구나 어려운 제부도 있고 보니 얼굴이 빨개진 큰딸이,

"허지만, 나오는 걸 어떻게 해요."

하고 기어들어가는 소리를 하자

"엉덩이를 들면 그렇게 천둥치는 소리가 나오지 않게는 할 수 있잖아요."

하고 사위가 또 나무랐다. 그러자 아이들은 입 안에 든 밥풀이 튀어나오게 웃어 제쳤다. 나는 할 수 없이,

"날라 가는 방귀 잡고 시비 거는 내 아들이라고 했는데, 어쩌겠나. 참게. 그로써 웃었으니 됐네."

하고 말렸다. 어쨌거나 그 방귀로 하여 모두가 마음껏 웃었으니 건강에는 도움이 되지 않았나 싶다.

누구라도 이 방귀 때문에 한두 번쯤은 난처한 때가 없었겠는가. 나도 언젠가 맛있는 고구마를 먹고 시내버스를 탄 적이 있는데, 마침 퇴근시간이라 앞뒤 옆으로 승객이 그야말로 못자리의 모처럼 빼곡하게 타고 있었다. 그런데 갑자기 방귀가 나오려고 했다. 참으려고 갖은 애를 쓰자 나중에는 가스가 배안에서 구불거려 할 수 없이 목적지도 못 가서 내리고 말았던 곤혹스러웠던 기억을 갖고 있다. 그러나 뭐니 뭐니 해도 방귀로 하여 낭패를 당한 내 친척아제의 이야기에는 과히 견줄 바가 아니다.

저녁을 먹고 나서 나는 예의 그 이야기로 큰딸을 위로하며 식구들과 웃음꽃을 피웠다.

친척 중에 한약방을 하시는 아제가 한 분 계셨다. 참 마음씨가 어질고 아픈 사람들을 구하고자 조선시대의 허준 선생님만큼이나 애쓰시던 분이셨다. 병이 나을 만큼만 약을 먹어야 한다며 웬만하면 서너 첩 이상 잘 지어주지 않으셨다. 항상 가난한 사람들을 염두에 두셨기 때문이었다. 그래서인지 널리 소문이 퍼져, 먼 곳에서도 사람들이 끊이지 않고 찾아왔다.

그러던 어느 날, 젊은 아낙네가 다리가 아프다며 왔는데, 그만해도 사십여 년 전이라 아무리 의원이라지만 젊은 여자가 버선을 벗고 다리를 내어놓으려니 요즈음 여자들 산부인과에 가는 것만큼이나 부끄럽지 않았겠는가. 아제는 조심스레 다리를 만져보고 들여다보면서

언제부터 어떻게 아팠느냐고 물으려는데, 젊은 아낙이 긴장해서인지 그만 뽕 하고 방귀를 뀌고 말았다는 것이다. 아제는 그 순간, 웃음보다 이 아낙이 얼마나 무안할까 싶어 얼른,

"언제부터 아픈 다리요?"

하고 물어 본다는 게 엉뚱하게

"언제부터 뀌는 방귀요?"

하는 말이 나와 버렸다는 것이다. 실수도 이런 실수가 있겠는가? 미처 아제가 나온 말을 다시 바꿀 틈도 주지 않고, 아낙은 사색이 되어 버선을 집어 들고 달아나더라는 것이다.

이 이야기를 아제는 웃지도 않고 하시더라고 어머니께서 들려주실 때, 우리는 참으로 많이도 웃었다. 그리고 세월이 흐르면서 아제는 가셔도 이 이야기는 집안에 회자되어 지금도 이렇게 이야기를 하면서 식구들과 웃는 것이다. 사실 그때, 아제의 입장에선 얼마나 난감했으리요? 언제부터 뀌는

방귀라니? '지금 뀌는 방귀요.' 하고 그 아낙네가 차라리 대차게 대답을 했더라면 해명을 할 수도 있었으련만 미처 변명도 못한 실수였으니 그 아낙 또한 의원이 얼마나 원망스러웠을 것이오.

항상 갓을 쓰고, 한 자나 됨직한 허연 수염이 흰 두루마기만큼이나 점잖았던 아제를 생각할 때마다 내 얼굴엔 함박꽃 같은 웃음이 번진다.

〈백마문학회 우듬지 2007 제2호 12월〉

양귀비꽃 한 다발

한 달 가까이 장마 비가 내리고 있었다. 햇볕이 그리울 정도는 아니게 이삼일 만에 한 번씩 들기도 하면서, 그렇게 마침 맞게 장마가 지고 있었다. 이따금 꿉꿉하다고 짜증을 내는 남편을 보며 그래도 비가 내리니까 그 더운 삼복더위를 피할 수 있지 않느냐고, 애써 위로를 했다.

이렇게 장마가 지다가 드는 날은 어김없이 마당을 어슬렁거리던 두꺼비들이 있었다. 아버지 밥사발만한 두꺼비에서부터 그보다 좀 작은 엄마 밥사발만한 두꺼비들이었다. 갈색의 우둘투둘한 몸통에 거무스레한 점들이 혹처럼 붙어 있어 그것만도 겁이 났었다. 그러나 그 툭 불거진 두 눈을 뒤룩거리며 전후좌우를 거침없이 쏘아볼 때면 예닐곱 살이었던 나는 오금이 저려서 한 발짝도 나아가지 못했다. 앞으로는 종지보다도 더 작은 귀여운 갈색 새끼두꺼비들이 떼를 지어 팔딱이며 비가 쓸고 간 깨끗한 마당을 제 세상인양 뛰어다니곤 했다. 나는 그 어린 두꺼비를 잡아서 만져보고 싶던 마음을 꼼짝없이 비끄러맨 채, 그 일행들이 다 지나가기를 말뚝처럼 서서 바라보곤 했었다.

그로부터 십여 년이 흐른 후 아버지 밥사발만한 큰 두꺼비가 사실은 엄마두꺼비라는 걸 알았고, 한 해도 거르지 않고 새끼들을 앞세우고 다니러 오던 그 즐거운 가족나들이를 보면서 나는 먼 산에 뭉게구름처럼 가슴을 설레곤 했다. 그러나 오십여 년의 세월이 빗물처럼 쓸려가면서 우리 집 마당엔 두꺼비는커녕 개구리 한 마리도 볼 수 없다는 걸 깨닫자 나는 서글펐다. 나무도 있고, 그때처럼 봉숭아도 있고, 꽈리도 있고, 풀도 있건만 어쩌다 지렁이만 기어 나와서 기웃기웃 헤매고 다녔다.

고개를 빼고 앉아 처마 끝에 떨어지는 낙숫물을 하염없이 바라보듯 넋을 놓고 있는 내게 큰 딸이 제 이종사촌 언니가 동호인들과 미술전시회를 한다는데 같이 가보지 않겠느냐고 뜸을 들였다. 비도 개이고 이왕이면 옷도 고운 것으로 차려입고 기분을 좀 내 보라고 했다.

그림을 그릴 줄도 볼 줄도 모르는 나는 알고 있는 그림이래야 달력에 나오는 단원 김홍도의 풍속화인 〈씨름〉과 〈서당〉 등이었고 추사 김정희의 〈세한도〉 정도였다. 외국 그림은 밀레의 〈만종〉이나 레오나르도 다빈치의 〈모나리자의 미소〉정도 아는 수준이었다. 아, 피카소의 〈게르니카〉는 전쟁의 잔인함에 알고 있었다. 어려서 얼굴도 모르는 아버지도 육이오 사변 때, 그것도 대낮에, 비행기 폭격으로 저렇게 울부짖는 말처럼 날뛰다 돌아가셨겠구나 하던 그 섬뜩함을 직접 보았기 때문이다.

경남문화회관 전시실 입구엔 화분이 몇 분 놓여 있었다.

그러고 보니 몇 년 전, 내 친구의 아버지 내고 박생강 유작전시회를 혼자서 와 본 기억이 났다. 생전에 모란꽃을 좋아하셨던 듯, 금방이라도 활짝 터뜨릴 것만 같은 자색의 모란꽃을 몇 작품 보면서 나는 그 그림들 앞에 오랫동안 머물렀었다. 생화보다 더 생생한 아름답고도 처절하리만큼 진한 색채였다. 불교와 무속에 관한 그림들엔 단청의 오방색이 어울려 어릴 적에 입었던 색동저고리가 너울거리는 것 같은 환상에 젖기도 했다. 그 원색들이 주던 강렬함을 나는 만장을 펄럭이며 가는 상여처럼 바라보았었다.

사전 아무런 지식도 없이 찾아간 나는 마침 딸이 제 언니에게 백합꽃 꽃다발을 건네는 걸 보면서 그림을 그리신 몇 분들께도 인사를 하고 전시장을 둘러보았다. 넓은 홀 안의 네 벽면엔 거의 풍경화가 주류를 이루는 가운데 꽃그림도 간혹 보였다. 동호인들끼리 주로 야외에 나가서 그린 그림들이라고 조카가 설명을 해 주었다. 그림을 그리는 분들도 여러 가지 이유가 있겠지만 무엇보다 그리지 않고는 배길 수 없는 그 간절함이 이 그림들을 낳았을 거라고 생각할 때 한 작품 한 작품이 예사로 보이지 않았다. 비록 작품을 보는 눈은 없을지라도 그림에 불어넣은 작가의 혼은 여느 예술분야에서나 마찬가지로 가슴에 와 닿았기 때문이다. 담배표가 붙은 시골마을의 구멍가게 앞엔 평상위에 내 놓은 각종 화분들이 화사하게 꽃을 피워 주인의 따뜻한 정을 나눠주고 있었다. 늦가을에 접어들어 물이 줄어든 냇가엔 섬처럼 무리를 지어 피어난 갈대들이 고즈넉한 마을과 함께 낮게 엎드린 산이 안아주듯 평화로웠다.

녹차를 들고 와서 권하는 분께 목례를 하고 한 모금씩 마시면서 나는 사생화가 주는 이 선명함과 편안함에 빠져들었다. 어릴 적 친구들과 정월 대보름날 조리를 들고 집집마다 다니면서 오곡밥을 얻어 마당가 절구통에 들어가 앉아 그 가지각색의 밥을 먹을 때의 흐뭇함과 안온함 같은 것이랄까.

녹차를 다 마실 즈음, 가슴에 안기듯 피어오른 진홍색과 보일 듯 말 듯

연한 분홍색 꽃 대 여섯 송이가 미소 짓는 그림 앞에서 나는 언뜻 발을 멈추었다. 고운 눈매를 갸웃이 들어 푸른 하늘을 마냥 수줍은 듯 우러러 보는 꽃이었다. 그것은 꿈 많던 내 소녀 적의 모습을 뭉게구름처럼 떠 올리게 했다. 강변에 날리는 아카시아 흰 꽃잎에도 눈물이 스몄고, 먼 산의 메아리처럼 안타깝고 아쉬웠던 다가갈 수 없던 그리움이 있었다. 모래바람 날리는 강둑길을 하염없이 달려가던 그 시리던 가슴, 나는 그대로 그 자리에 붙박이처럼 서 있었다.

입구로 조용히 나가서 나이가 듬직한 분에게 전시된 그림을 살 수 있느냐고 물었더니 그렇다고 했다. 그리고 그 분과 함께 그림 앞에 와서 가격을 물어보고 사기로 결정했다. 작가를 찾아서 소개를 하는데 아! 조카였다. 어느 시골에서 관상용으로 재배하는 양귀비꽃을 보고 그렸다고 했다. 그 꽃을 그리면서 정말 소녀처럼 행복했었다고 했다.

나는 꿈꾸는 양귀비꽃 한 다발을 가슴에 안고 꿈 많은 소녀가 되어 집으로 돌아왔다.

안목도 없는 애호가나 유행에 아부한다는 젊은 화가들에 대한 날카로운 비판이 어느 일간지 칼럼에 실린 건 며칠 뒤 일이었다.

〈백마문학회 우듬지 2008 제3호 여름〉

고구마

화창한 날씨가 겨우내 움츠렸던 대지를 흔들어 깨우고 있었다. 하루를 넘겨도 냄새가 서서히 나기 시작하는 음식물 쓰레기를 들고 나와서, 나는 크게 심호흡을 하며 봄의 따사로움을 온 몸으로 느꼈다. 전에는 온통 땅콩밭이었던 강변의 이곳이 하늘높이 솟아오른 아파트들이 들어차 내려다보는 가운데, 복숭아씨나 사골 등 딱딱한 것은 버리면 안 된다는 딸의 주의를 되새기며 쓰레기통을 열었다. 역겨운 냄새는 둘째고 머리와 꼬리가 잘린 시퍼런 고등어 댓 마리가 배를 가른 채 누워 있었다. 제 요량으로 돈을 주고 샀다면 저렇게 버리지는 않을 텐데 참 아깝다는 생각을 하며 쓰레기를 버렸다. 마당가에 매어 놓은 우리 집 삽살이 때문에 생선 머리 하나 밖으로 나가는 법이 없는 우린 참 다행이라 생각하며 돌아서는데, 어떤 새댁이 커다란 박스를 들고 와서 쿵 하고 내렸다. 그러더니 안에 들어 있는 것을 꺼내어 쓰레기통에 담으려고 했다. 가만히 보니 고구마였다. 빛깔도 훤한 게 갓 파 온 것처럼 싱싱하고 간혹 자주색 앙증맞은 새 순이 뾰족뾰족 봄 내를 맡고 올라오고 있었다. 나는 얼른 새댁의 손에 든 고구마를 잡으며 물었다.

"이 고구마를 모두 버릴 거예요?"

"네, 아이들이 먹지를 않고, 저도 통 먹히지를 않아서요. 이제 봄이 되니 싹도 나고 해서 버리려고 해요."

나는 염치를 무릅쓰고,

"그럼, 내가 가져가도 되겠어요? 싹이 난 건 밭에 심고, 안 난 건 삶아 먹어도 되겠네요."

손바닥만한 밭뙈기도 밭이라고 남새를 심어 먹는, 집 옆에 붙은 조그만 빈 터를 생각하며 말했다.

"그렇게 하세요. 어차피 우린 버릴 테니까요."

새댁은 오히려 일을 덜어 줘서 고맙다는 표정이었다. 나는 횡재를 한 기분으로 박스를 들고 와서 내 자전거에 실었다. 족히 20kg은 될 것 같았다. 집에 돌아와서 싹이 난 것과 안 난 것을 골라 담으면서 그제야 이 고구마를 도대체 돈을 주고 산 것일까? 아니면 부모님이 보내 준 것일까? 하고 궁금해지기 시작했다. 조심스레 캐 담아서 어느 것 하나 흠집 난 데가 없었다. 크지도 작지도 않은 것이 마침 맞게 삶아 먹기 좋은, 참으로 정성이 가득 담긴 고구마였다. 한 눈에 그것은 산 게 아니었다. 이 봄이 되도록 상한 것 하나 없이 상품만 그렇게 하나하나 골라서 담아 보낼 사람은 부모밖에 없다는 결론이었다. 그것은 자식들을 모두 에우고 난 내 직감이었다.

좋은 것이 있으면 주고 싶고, 맛난 것이 있으면 생각나는 어쩔 수 없는 정리, 내 자식이, 손사가 이 고구마를 삶거나 구워서 호호 불며 맛있게 먹을 것을 생각하고 캐 담았을 부모님을 생각하자 나는 왠지 죄스러움을 느꼈다. 그러면서 젊은 날, 고구마농사를 짓던 때가 엊그제 일처럼 떠올랐다.

희붐한 새벽에 집을 나서면, 날만 새면 집 짓지 날만 새면 집 짓지 하고 종달새가 우짖는 누릇누릇한 보리밭 고랑에 괭이로 골을 치고 고구마 새순을 부쳐 나갔었다. 두세 마디씩 잘라서 심어도 참으로 끈질기게 잘 살았다. 가뭄에도 끄떡없었다. 보리가 그늘을 만들어 주긴 해도 잎이 거의 말라 비틀어져 죽었나? 하고 파 보면 흙 밑으로는 실핏줄 같은 하얀 뿌리를 내리고 있는 것이었다. 보리를 벨 때 쯤 되면 고구마는 새순이 돋아나 한 뼘이나 줄기가 기어나가고 있었다. 매미가 뜨거운 햇볕을 볶듯이 울어대는 여름이면, 아직 고랑을 다 덮지 못한 고구마줄기를 젖히면서 두둑을 타고 엎드려 빗물처럼 줄줄 흐르는 땀을 닦을 겨를도 없이 김을 매곤 했다. 그리고 괭이로 두둑에 흙을 북돋우는 골을 치면서 부디 주먹 같은 고구마가 많이 들기를 바랐다. 잎눈에서 또 줄기를 쳐서 얼마 안 가서 흙이 보이지 않을 정도로 고랑을 덮을 때쯤이면 김은 힘을 못 쓰고, 천하를 통일한 냥 고구마 밭은 새파랗게 바다처럼 출렁이는 것이었다. 그 밭머리에 서면 누가 불러 주기라도 하는 것처럼 따라서 콧노래가 절로 났었다. 한더위가 가고 불룩해진 두둑이 쩍쩍 갈라질 때쯤이면 고구마 잎들도 모든 양분을 뿌리에 보내고 제 할 일을 다 했다는 냥 누릇누릇 해 지기 시작한다. 고구마 캘 때가 된 것이다. 그제야 나는 낫으로 손가락처럼 굵어진 줄기를 걷고 고구마를 캐면 줄줄이 딸려 나오는 젖무덤 같은 고구마들! 안 먹어도 배가 불러서 힘든 줄도 모르고 캐는 재미는 농부가 아니고는 느낄 수 없는 소박한 자연의 축복이었다. 추운 겨울에는 밭에 굴을 파고 묻어 둔 고구마를 꺼내서 생것으로 깎아 먹어도, 단물이 서걱서걱하니 사과처럼 달았다. 또한 굽거나 삶아 먹어도 물리지 않고 돌아서면 또 먹고 싶은 그 담백한 단 맛을 여느

고급 과자에 비하랴.

그 힘듦과 축복을 함께 방에 보관할 씨 고구마처럼 정성을 다해서 캐 담아 보내셨을 부모님들, 손녀의 얼굴처럼 발그레한 이 고구마를 삶아 먹을 때마다 그 어느 부모님께 무슨 말로 대신 사과를 하고 감사를 드릴까? 오직 그 생각에 벌써부터 오금이 저린다.

〈백마문학회 우듬지 2008 겨울 제4호〉

종교에 대하여

서울 연임이가 내게 보낸 그 우정은 가히 오십여 년의 세월이 종교 같았다. 그런 연임이가 내가 아프고 나서 기독교 신자가 되길 적극 권했다.

연임이는 남편의 믿음으로 모시는 친정어머니와 세 딸 모두 열심히 다닌다. 저는 퇴직 때까지는 그렁저렁 다녔는데 집에 쉬면서 열심히 믿기 시작했다고 했다. 온 가족이 그렇게 평안할 수가 없다고 했다. 그래서 쉬운 성격책과 교인의사가 쓴 암관련 책도 수시로 보내주며 진정 나를 위해 하느님께 귀의하길 권했다. 그러나, 쉬이 마음이 움직이지 않았다.

성당이 가깝고, 언니도 믿으니 생각을 해보겠다고.

교회와 성당은 다같이 예수님을 모시는 곳이니 어느쪽이든 생각해보겠노라고 했다.

예수님의 사랑, 부처님의 자비, 공자의 어짊. 이슬람의 마호멧은 잘 알진 못해도 그 분도 예수님의 가르침과 비슷하다는 건 알고 있다.

신으로 존경받는 이 분들은 모두 비슷한 사랑을 가르치셨다. 그래서 나는 청소년기 때부터 존경했다.

어린 초등학생 때 이웃의 선한 대학생 오빠를 따라서 우리동네 친구 대여섯 명은 크리스마트 때마다 배영학교 뒤에 있는 중앙교회에 따라가곤 했다. 주일엔 각진 고체우유를 얻어먹으면 얼마나 맛있던지. 귓등으로 듣는 목사님의 말씀도 그대들(?) 착하게 살아야 한다는 건 알아들었으니 공으로 얻어먹진 않았나보다.

사월초파일이면 어머니를 따라서 절에 가면 산채비빔밥을 점심으로 얻어먹은 맛도 잊을 수가 없다. 부처님께 열심히도 절을 하시던 어머니의 지고지순한 그 뒷태까지 나에겐 부처님처럼 존경스러웠다.

언제나 거짓말을 모르시고 남과 다투거나 모진 욕하시는 것 들어본 적 없으니 어머니도 불교신자로서 훌륭하셨다. 그러나 초하루 보름으로 절에 가시는 열렬신자는 아니셨다.

내가 장년이 되고 나니 한때는 처녀때 성당에 가고 싶어 교리 배우러 성당에 다니면서 한동갑인 헬레나(김계림)도 알았고 인연이 될려고 그랬던지 시숙모님 되실 분도 그 성당에 다니셨고 시삼촌과 사촌형부가 중매장이처럼 말이 되어 남편과 결혼했다. 생판 모르던 헬레나도 내 결혼식장에 우인으로 와서 같이 사진도 찍고 했는데 거기서 채서방(조카 미숙이 남편)과 친 이종사촌이라는 걸 알았을 때 참 인연이란 묘한 거라고 우린 한바탕 웃기도 했다. 미인이었고 부자였던 헬레나는 아버지가 성당에 꽤 높은 직함을 갖고 신자들의 장례식을 총괄하셔서 작은아버님 장례 때도 오셔서 모두 편하게 잘 치러주셨나. 그러나, 영세도 못 받고 결혼을 하고 보니 남편은 탐탁찮아했다. 시어머님도, 친정어머니도 모두 절에 가시고 자기도 절이 좋다면서 성당에 가는 걸 반대했다. 배운 사람도 종교는 자유라는 걸 막고 나서니 잘못하면 신혼부터 힘들겠다 싶어 그만뒀다.

그리고 세월이 흘러 이 나이가 되고 보니, 내 마음속엔 항상 그 분들게 대한 존경과 배움이 가득했지만 먹고 살기 바빠 신자가 될 수 없었다.

지금도 교회나 성당이나 절에 다니는 사람들 보면 참으로 부지런하고 바쁘게 착하게들 사신다.

내겐 그렇게 매달리다시피 열심히 다닐 자신이 없고, 아프니까 신을 찾는 낯두꺼운 것도 싫다. 멀찍이서 이 존경하는 마음을 간직하며 그분들을 닮으려고 노력하며 어디에도 얽매이고 싶지 않은 자유로운 삶을 살고 싶을 뿐이다.

그리고 또 성인 프란치스코와 법정스님도 못지않게 존경하고 사랑한다. 그분들의 믿음과 자신에게 혹독한 매질을 나는 할 수 없기에 보통의 사람으로 남을 뿐이다.

항상 어머니는 하루에 참을 인(忍)자 세 번만 새기면 모두가 편안하고 살인도 면한다고 이르셨다. 그것이 나의 종교였다.

묵묵히 태어나 뜨거운 햇빛, 따사로운 봄빛, 결실의 가을빛을 지나며 혹독한 겨울의 추위도 견디고 말없이 쑥쑥 자라는 나무들처럼 생을 누리다 내 갈 때 되면 말없이 떨어지는 낙엽처럼 한 줌 거름되어 자연으로 돌아가면 족한 것이다. 그러니 내세는 믿지 않는다. 이러한 내 마음을 언젠가는 연임이에게 잘 이해시켜 줘야겠지. 영원한 내 친구!

〈2013년 6월〉

실수와 배려

사람은 살아가면서 알게 모르게 실수를 참 많이 한다. 신(神)이 아닌 이상 조심해도 어쩔 수없이 하게 되는 실수가 있는가 하면, 고의적으로 하는 거짓 실수, 두 가지가 아닌가 한다. 내게는 연로하신 작은어머님(시숙모님) 한 분이 계시는데 작은아버님이 일찍 돌아가시고 혼자서 딸을 시집보낼 때의 이야기다.

큰일이라 내외간에 의논해서 시집을 보내려고 해도 힘든데 혼자서 다 감당하시려니 그 수고로움을 무엇에 비기랴만, 어릴 적에 벌써 천주교에 귀의하셔서 모든 면에서 넉넉하시고 음식솜씨 좋으신 작은어머님은 무사히 결혼식을 마치고 집에서 쉬고 계시는데, 이웃 집 아주머니 한 분이 결혼식에 참석을 못했다며 축의금 봉투를 주고 가셨다는 것이다. 그런데 가시고 나서 봉투를 열어보니 빈 봉투였다고 한다. 작은어머님은 그 분이 빈 봉투를 알고는 들고 오지 않았을 텐데 하시면서, 내가 받기 망정이지 만약에 그 바쁜 결혼식장에서 일을 보던 사람이 받았다면 얼마나 낭패를 보았을 거냐고, 빈 봉투였다고 설명을 할 수도 없고 그나마 다행이라고 몇 번이나 말씀하셨다. 그래서 나도 내가 겪은 이야기를 들려드렸다.

친정 작은어머님께서 돌아 가셨을 때의 이야기다.

장례식 날, 이웃에 살았기 때문에 나는 새벽에 우유배달을 서둘러 마치고 참석을 했다. 집에는 친척들과 이웃사람들이 많이 와 계셨는데, 그 중에 아는 이웃아주머니 한 분이 조의금이라면서 좀 전해 달라고 봉투를 나에게 맡기는 것이었다. 그래서 둘러보니, 계단 위에서 돌아가신 작은어머님 친정조카(언니 아들)가 책상을 놓고 조의금을 받고 있기에 전해 주었다. 몇 번 뵌 적이 있었는데, 나를 쳐다보기에 '우리 조의금이 아닙니다.' 라고 말하려다 성씨를 보면 알겠지 싶어 말을 안 했는데 그로부터 얼마 뒤, 사촌올케언니가 보자고 하기에 갔더니 이웃아주머니가 조의금을 나에게 주었는데 받았느냐고 해서 못 받았다고, 조의금 장부에도 올려져 있지 않더라고 했다는 것이다. 이럴 수가! 속을 닭의 똥집처럼 뒤집어 보일 수도 없고 참 난감했다. 나는 그 날의 일을 차근차근하게 소상히 설명했지만 왜 그런지 도둑놈이 발 저리다고 가난한 내 처지를 미루어 볼 때, 나를 의심하는 게 아닐까? 생각되어 슬펐다. 누구의 실수인지는 몰라도 없었더라면 얼마나 좋을 일인가. 부디 고의적인 실수가 아니길 바라는 마음만 간절했다.

넉넉하여라 기백산이여

지난 밤, 언제 내렸는지 눈은 정원에만 흔적을 남겼다. 어른은 아이가 되고, 아이들은 덩달아서 좋은 눈이 올 겨울엔 한 번도 우리를 즐겁게 해 주지를 않았다. 지리산 쪽엔 눈이 많이 내렸는지 바깥 날씨가 너무 춥다며 오늘 산행을 걱정하는 남편의 만류를 뒤로한 채 어정쩡한 마음으로 집을 나섰다. 항상 46석이 거의 다 차던 버스가 반 정도 밖에 인원이 차지 않은 채 평상시 보다 십 분 늦은 8시 40분에 출발했다. 월 2회 여자들만 가는 등산 모임이었다. 행선지가 지리산과 가까운 함양 쪽이라 모두들 눈 때문에 걱정이 되어 의견이 분분했다. 그래서 좀 더 남쪽으로 가자는 등 의논을 하다가 눈이 와도 산세가 그리 험하지 않으니 예정대로 가자는 산행대장의 말을 따르기로 했다. 그 산을 몇 번 등정했다는 말이 우리를 안심시키기에 충분했다. 김이 서린 차창을 닦으며 내다 본 먼 산들이 함양이 가까워질수록 희뿌연 얼굴로 다가왔다. 눈 산을 한 번도 가보지 못한 나는 기대는 반이고, 슬슬 겁이 나기 시작했다. 전문산악인도 아니고 그저 산이 좋아 일주일에 서너 번 오르는 석갑산 등정기록으로 따라 붙은 산행이었다. 재작년 8

월부터 다녔으나 그 해 겨울은 집안 사정으로 가지를 못했으니 겨울 산행은 이번이 처음인 것이다.

열 시쯤, 목적지인 기백산 밑에 도착하니 과연 산에는 옷을 벗은 잡목들이 눈 속에 의연히 버티고 섰고, 눈은 발등을 덮을 만큼 쌓여 있었다. 산을 많이 타신 분들만 눈 산에 대비해 아이젠과 스패치(다리싸개)를 준비했을 뿐, 난감했다. 그러나 항상 겸허한 마음으로 만반의 준비를 갖추고 산에 올라야 한다는 평소의 다짐이 무색하리만치 차에 남겠다는 사람은 아무도 없었다. 고맙게도 운전기사님이 만약의 경우에 대비해 보호자로 나서겠다며 동행해 주셨다. 일 년 반 동안 생사고락(?)을 같이 하며 특별한 일이 없는 한, 줄곧 무사고 운전을 해 주신 회원처럼 친숙한 분이셨다. 괜한 걱정을 했다 싶을 정도로 별 무리 없이 오르는 등산로는 뽀드득거리는 눈의 감촉에 또 다른 겨울 산의 묘미를 느끼게 해 주었다. 아무도 가지 않은 눈밭에 먹을 게 없나 하고 종종거리며 다닌 새 발자국, 멧돼지 발자국이라고 호들갑을 떨었지만 그건 가벼운 노루나 토끼의 깡충거림이 분명한 네 발자국의 선명한 디딤, 조금 전 그들이 지나간 길을 나도 함께 따라 걸어간다는 이 즐거움, 그래 내게도 이런 낭만적인 날들이 있었구나!

차멀미 때문에 먼 여행은커녕 아름다운 산이나 바다 구경도 한 번 해 보시지 못하고 돌아가신 친정어머니, 종갓집 맏며느리로서 대를 이을 아들 하나 붙잡지 못한 것만 항상 죄스런 마음으로 한 많음을 안고 가신 어머니셨다. 딸 셋에 막내인 나는 십 수 년 동안 어머니를 모시고 살면서 나 역시 여행이나 산행을 삼가 입 밖에도 내보지 않았었다. 불쌍한 어머니를 그렇게 보내고 바로 모신 시어머니였다. 어른은 한번 되고 아이는 두 번 된다는 노년의 그 쓸쓸함과 덧없음을 무엇으로 채워드리리. 그래서 더욱 근신하며 직장과 집밖에 몰랐던 중년이었다. 그러나 시어머니마저 사랑하던 구남매 아들 딸 아무도 곁에 없이, 내 작은 품에 안겨 그렇게 측은히 보내면서 막을 내렸다.

나는 결코 자식들에게서 애달픈 눈물은 흘리지 않게 하리. 가고 싶은 곳, 하고 싶은 것을 어느 정도는 누리고 가리라고 다짐하고 또 다짐했었다. 그래서 시작한 산행이 어설프나마 조금은 익숙해지려는 때였다.

정상으로 오를수록 점점 더 많이 쌓인 눈의 깊이에 정신이 번쩍 들었다.

사방경치를 즐길 겨를도 없이 허벅지까지 빠지는 눈길을 앞사람이 남긴 발자국만 따라가느라 정신이 없었다. 귓전을 때리는 칼바람도, 종아리 등 산양말에 조랑조랑 매달린 진주 같은 얼음알도 아랑곳없었다.

기진맥진 끝에 오른 정상, 기백산 1331미터의 우뚝한 표석이 땀에 젖은 우리를 반갑게 맞아 주었다. 긴 호흡 큰 들숨으로 기백산의 정기를 빨아들이며 그 시원함에 오장육부가 다 놀라는 것 같았다. 그제야 동서남북 겨울산을 둘러보았다. 월출산이나 팔령산, 대둔산과 천관산 등 우람한 바위와 그 위용에 눌려 여름에도 벌벌 떨며 줄을 잡고 매달리던 때를 돌이켜 볼 때, 기백산의 품은 참으로 부드러웠다. 바로 건너다 보이는 거창의 금원산 하며 뽀얗게 눈을 덮어쓰고 몇 억겁 세월의 부대낌 속에서도 변함없이 그 자리에 서 있는 모습들이었다. 어머니 젖가슴처럼 아득한 저 깊고 깊은 골짜기마다 담겨 있는 사연들 또한 얼마나 많을까? 나는 눈을 지그시 감고 묵념을 드렸다. 각자 나름대로 집에서 싸온 도시락을 펼쳐놓고 진수성찬보다 더 맛있게 나눠 먹고는 하산 길을 서둘렀다. 눈만 쌓였으면 괜찮은데 눈 아래엔 내리다 녹아 언 얼음이 깔려 있어 그야말로 미끄럼틀이었다. 잘 알려진 산이 아닌 이상, 평소에도 헤매기 마련인 등산로를 눈이 쌓여 지워 버린 계곡의 돌길은 허방도 많았다. 그러나 남한의 유명한 산들은 거의 다 올라봤다는 우리들의 영웅, 산행대장은 맨 앞에 서서 눈길을 헤쳐 가는 모습이 험난한 파도를 만난 유능한 선장, 바로 그였다. 경사가 급한 비탈길은 넘어지는 것보다 낫겠다며 아예 앉아서 배낭 썰매를 타고 내려가는 어린 시절의 그 짜릿함, 바로 옆에 아찔하니 절벽일 때는 저승이 바로 코앞이라며 얼른 손 내밀어 잡아주는 가녀린 싸리꽃대, 엉덩방아를 찧을 때마다 서로 걱정 해 주고 웃어주며 기사 아저씨는 맨 뒤에서 걱정 말라고 고함 쳐 주셨다. 중간쯤 내려왔을 땐 산들이 온통 보이지 않을 정도로 눈발이 휘날렸다. 낙엽이 쌓이고 그 위에 푸근한 눈이 쌓인 산중턱 아래는 솜이불을 딛는 것처럼 푹신했다. 그때부터는 거칠 것 하나 없이 달리는 말처럼 걸음이 빨라졌다. 드디어 산 아래 용추사 입구에 도착했을 땐 다행히 눈도 그치고 연세가 좀 드신 세 분 이하 모두들 안전하게 하산을 했다. 겨울등산에 대한 지식도 없이 거의 무방비 상태로 달려들었던 우리들의 무모한 산행을 돌아볼 때, 이 모두가 기백산을 지키는 부처님의 자비로운 보살핌이 아닌가 하여 불자는 아니라도 저절로 대웅전을 향해 고개가 숙여지며 두 손이 모아졌다. 마당 가운데 돌 물통 가엔 식수가 흐르다 그대로 얼어붙은 두 자나 됨직한 고드름들을 떼어 나눠 먹으며 걷는데 아! 용추폭포, 수심이 항상 십 몇 미터가 된다는 못 위엔 폭포가 쏟아지다가 그대로 멈춰 얼어버린, 거대한 은빛 날개를 단 용의 머리가 금방 하늘로 솟구쳐 오르다 떨어지며 포효하고 있었다. 아! 어머니, 가슴 저 밑바닥에 얼어붙었던 어머니의 모습이 뜨겁게 목젖을 적셨다. 백일에서 하루를 못 채우고 승천하려다 떨어져 죽은 원통함일까? 자연의 걸작이라고 하기엔 너무나 아름답고 애절한 내 어머니의 모습이 용으로 화한 순간이었다.

시계는 어느덧 네 시 반, 여섯 시간 남짓의 산행이었다. 공동체의 끈끈한 유대감과 희생정신, 도전하는 자만이 개척할 수 있다는 이 자신감, 자기 직업에 최선을 다 할 때 보여주는 아름다움 등을 절실히 느끼며 같이 와서 이 절경을 함께 보고 즐기지 못한 회원님들께 아쉬운 마음이었다. 내가 찾고 싶을 때 언제나 거기 있어주는 자연, 그 고마움을 오늘 저녁에도 두 분 어머님께 도란도란 밤 새워 이야길 해 드려야지.

중국은 넓더라

첫날,

날씨는 장마로 접어든다는 기상청의 발표대로 흐렸다. 간단히 챙기라는 남편의 당부대로 작은 백을 들고 다섯 시 십분 전에 지정된 곳에 도착하니 벌써 거의 다 차에 타고 있었다. 몇 년 만에 떠나는 친목계의 여행이고 보니 모두 환한 얼굴로 나처럼 들떠있었다. 일상에서 놓여난다는 이 해방감은 여자들에겐 또 다른 여행의 별미다.

북경 착 대한항공기는 정확히 2007. 6. 21. 8:26분에 많은 이들의 부푼 꿈을 안고 김해공항을 이륙했다. 잠을 자지 않아 눈을 좀 붙여야 하는데 둘러보니 모두들 희희낙락이었다. 비행기가 서해를 지나자 드디어 거대한 대륙이 그 넓은 품을 드러내 보이기 시작했다. 산도 하나 없이 하늘과 맞닿아 이어지는 땅은 흡사 그네들의 장기판 같았다. 가도 가도 끝없는 평원이었다. 그러고 보니 세계인구 중 다섯 명에 한 명은 중국인이라는 세계 제일의 14억 인구가 굶어죽는 사람은 없다는 말이 실감났다. 우리나라보다 90배는 큰 나라지만 세계에선 1위인 러시아(1억 5천 명)와 2위인 캐나다(3

천 2백만 명)의 추운 날씨를 비교해 볼 때, 3위인 중국은 축복받은 땅이었다.

드디어 2시간 30여 분 만인 9:50(한 시간 빠른 현지시간)분에 북경에 도착했다. 금강산도 식후경이라고 기내에서 먹은 시원찮은 서양식 조식을 먹는 둥 마는 둥 했던 회원들은 밥과 된장국이 나온 한식식당에서 그야말로 게눈 감추듯이 맛있게 먹었다. 그리고는 천안문과 자금성을 보러갔다. 흐렸던 한국의 날씨와는 달리 후끈 더운 날씨에 백만 명이 동시에 들어갈 수 있다는 세계 최대의 천안문광장은 뜨거운 유월의 햇볕이 사정없이 내리쬐고 있었다. 89년 6월의 천안문 사태로 계엄군의 유혈진압에 쓰러져 갔던 젊은 넋들이 뿜어내는 열기였을까? 나는 어지럼증을 느끼며 우리의 87년 6월의 광주항쟁이 오버랩 되었다. 이유야 어떠하든지 민주화를 위해 흘렸던 젊은 피는 다를 바가 없었다. 전 인민 대회가 열린다는 천안문엔 모택동 전 중국 주석의 커다란 초상화가 광장을 내려다보며 천안문 사태를 비웃고 있는 것 같아 이념의 차이를 싸늘하게 느꼈다.

자금성의 정문인 천안문을 지나니 황제를 상징한다는 누르스름한 금색 기와지붕이 먼저 눈길을 끌었다. 9자를 좋아하는 민족답게 9,999개의 방이 있다는 자금성은 태어나 각 방에서 하룻밤씩만 자고 세상으로 나와도 스물일곱 살이 된다니 한 마디로 웅장했다. 우리의 경복궁과는 차원이 달랐다. 황실엔 빨간 침대보에 수놓은 황금의 용이 지금이라도 하늘을 오를 듯 꿈틀거렸고 옆엔 장수의 상징인 학이 고고한 자태로 날개를 펼치고 있었다. 그 화려하고 찬란한 권위와 위용에서 피비린내 나는 왕위 쟁탈전이 왜 일어났는가를 한눈에 보는 듯 선했다. 비행기를 타기 전에 먹은 멀미약의 부작용인지 가도 가도 끝이 없는 궁전과 함께 30도의 무더위에 자꾸만 눈이 감겨 앉을 자리만 쳐다보여 혼이 났다. 나무의 그림자가 상스럽지 못하다고 그 넓은 왕궁 안엔 나무 한 포기, 화장실 하나 없었으나 뒤뜰엔 몇 백 년 자란 나무들과 바위동산이 그나마 정원 구실을 하고 있었다. 불이 났을 경우를 대비하여 각 궁전 옆에 놓여있는 12개의 빗물받이용 쇠 항아리는 금으로 칠한 것을 외적의 침입 때 긁어 가 버려, 지붕과 함께 군데군데 할퀴어진 자국은 묵묵히 대륙의 영욕을 말해 주고 있었다.

저녁을 먹고는 서커스를 보러갔다. 중국의 장기인 여러 가지 곡예는 감탄을 자아내게 했으나 나는 반쯤 보다가 드디어 감겨지는 눈에 굴복, 손뼉을 치다가 잠들고 말았다. 친구가 깨우는 바람에 일어나니 모두들 나가고 있었다. 호텔에 돌아와서 그대로 자려고 했으나 온천수가 유명하다는 말을 듣고 거의 40도가 됨직한 뜨거운 탕 안에 발을 담그자 스르르 온몸의 피로가 풀리면서 그렇게 시원할 수가 없었다.

이튿날,

엊저녁의 뜨거운 온천욕으로 말끔히 피로가 풀려 가뿐했다.

드디어 세계7대 불가사의라는 만리장성을 보러갔다. 팔달령에 가서 케이블카를 타고 내려 길이가 일만 육천리라는 만리장성에 올랐다. 중국인들이 '한번은 와서 봐야 비로소 어른이 된다.'는 그들의 자존심이다. 과연 진시황제 때부터 본격적으로 쌓았다는 장성은 2000년이 넘는 그 유구한 세월 속에서도 한 치의 어긋남 없이 견고하게 중국을 지키고 있었다. 양쪽에서 벽돌로 쌓았는데 그 가운데는 흙을 넣고 위에는 돌을 얹는 식이었다. 그러나 이집트의 피라미드와 마찬가지로 그 큰 역사 중에 어찌 노역자들의 희생이 없었겠는가? 장성의 흙 넣는 부분에 쓰러지는 노역자들의 시신을 그대로 넣어 쌓았다고 하니 만리장성은 세계에서 가장 큰 군사목적의 성벽인 동시에 가장 큰 무덤이 되었다고 한다. 멀리 끝없이 구불구불 이어진 장성을 따라 오르는 수많은 사람들 속에서 노역자들의 벽돌 진 모습이 어른거려 나는 이 엄청난 조형물 앞에서 조용히 옷깃을 여미었다. 예나 지금이나 권력자와 민초들의 수직관계를 이처럼 극명하게 보여주는 곳이 또 있을까. 만리장성의 일부를 그것도 케이블카로 올라와서 조금 걸어서 올랐다고 흐르는 땀을 주체하지 못한 채 나는 급히 내려와서 간이 의자에 앉아서 쉬었다. 하늘엔 새털구름이 무리지어 흘러가고 있었다.

점심을 먹고는 자금성에서 15km 정도 거리에 있다는 중국 최대의 황족정원이라는 서태후의 여름별장인 이화원으로 갔다. 서태후가 500만 냥의 해군비용을 악용하여 청이원을 재건하여 이화원이라고 바꿨다니 얼마나 화려할 것인가 기대가 컸다. 총면적의 4/3이 인공호수인 곤명호이고 4/1이 호수를 팔 때의 흙으로 만든 만수산이라고 했다. 호수는 그야말로 넓었다. 도저히 그 당시에 인공으로 만들었을 거라고 생각되지 않을 정도였다. 우리는 먼저 배를 타고 호수를 유람했다. 모두다 서태후가 된 기분으로 입엔 연방 진수성찬인양 빙과를 물고(여행사에서 나온 강 이사가 샀다.) 그야말로 입이 함박 벌어졌다. 청조말기, 48년간 실질적으로 중국을 집정하고 1908년 72살로 죽을 때까지 모든 권력을 쥐고 있었다는 서태후, 그녀의 하루식비가 만 명의 농민이 하루 먹는 음식에 해당될 만큼 사치스러움의 극치였다니 중국을 식민지반식민지로 몰락시킨 여자라는 미움을 받는 것일까. 우리나라의 명성황후처럼 서서히 복권을 시작한다니 만주족인 서태후를 의식한 중국의 정치적인 복권운동이건 그건 내 관심 밖이다. 다만 영국의 엘리자베스 1세 여왕처럼 그 큰 땅덩어리를 근 반세기 동안 쥐락펴락한 배짱에 같은 여자로서 경이로움에 입이 다물어지지 않았다. 우리는 서태후에 의해 이화원의 전각에 갇혀 지냈다는 황제의 비운을 들으며 내일의 일정을 위해 서태후를 작별했다.

사흗날,

드디어 엊저녁에 도연명이 읊은 무릉도원인 장가계에 왔다. 얼마나 아름다운 산수(山水)기에 무릉도원일까? 아침을 일찍 먹고 탄 버스는 비포장인 도로를 그야말로 곡예 하듯이 달렸다. 목마 탄 것은 저리 가라할 만큼 앞좌석에 머리를 턱 박는가 했더니 전후좌우로 사람을 튀어 오르게 만들어 처음부터 정신을 쏙 빼 버렸다. 게다가 진주를 출발할 때부터 빌었던 날씨는 우리의 기대를 저버렸다. 도로가 그나마 시멘트로 포장이 되고 창밖으로 산들이 우뚝우뚝 보이기 시작하자 비안개가 뿌옇게 산마루를 덮어 내려오는 것이 아닌가?

몇 년 전, 그 힘든 배 멀미까지 해 가며 금강산 구경을 갔을 때, 내리 이틀을 비가 내려 일만 이천 봉은 커녕 열 두 봉우리도 옳게 보지 못한 채 발길을 돌려야 했던 쓰라린 악몽이 되살아 나, 나는 손자에게 배운 '오 마이 갓' 소리가 절로 나왔다. 그리고 창밖엔 굵은 빗줄기가 쏟아졌다. 예화라는 이름처럼 예쁜 가이드는 비가 올 적에는 황룡동굴로 가면 된다고 안심을 시켰지만 나는 눈을 감아버렸다. 얼마를 달리더니 내리라고 해서 바라보니 우리나라의 산처럼 함초롬히 비에 젖은 산이 보였다. 우산을 들고 내려 들어간 황룡동굴은 말이 동굴이지 무슨 위성 도시에 온 것 같았다. 흐르는 물소리에 내려다보니 시퍼런 계곡물에 배가 지나고 있었다. 우리는 이내 배가 많이 정착해 있는 곳에 당도해서 22인승의 배에 올랐다. 물 깊이가 십수 미터라는 곳을 10분 정도 배로 이동하여 내려 계단을 올랐다. 아래로 자라는 종유석보다 밑에서 위로 자라는 석순이 많다는 황룡동굴은 석순이 꼭 옥수수처럼 생긴 게 탑처럼 우뚝우뚝 솟아 있었다. 그 중 제일 큰 석순은 높이가 19.2m에 직경10cm의 투명한 침이 천정에 닿아 약 1억5천만 년의 역사를 가졌는데 언제 부러질지 몰라 중국은 1억 위안(한화 130억)의 손해보험에 가입한 국보급이라고 했다. 지금도 살아서 자라는 석순과 종유석이 맞닿은 석주를 보며 천국의 환상을 보는 듯, 깨어서 나와 보니 장가계였다.

비는 그쳤고 점심을 먹고는 금편계곡과 십리화랑을 구경했다. 두루마리가 펼쳐지듯 이어지는 산수화 속엔 기괴한 산봉우리들이 자연과 어우러진 계곡을 우리는 모노레일을 타고 신선처럼 구경했다. 거의 십리가 넘는 길을 중국인들은 걸어서 갔다. 우리도 시간이 허락만 된다면 걸어서 유유자적 산수를 즐기고 시라도 읊으련만 이틀 만에 장가계의 절경을 모두 구경해야하는 촉박한 시간 때문에 부득이 '세 자매' 봉 앞에서 사진 한 장씩 찍고는 발길을 돌렸다.

천문산의 안개가 걷혔나고 우리는 서둘러 그곳으로 향했다. 약 40여 분간 세계에서 가장 길다는 케이블카를 타고 정상까지 올라가서 돌아 중간정류장에서 내렸다. 거기서 다시 버스를 타고 99굽이를 돌아서 올라간 천문동은 산의 삼분의 이쯤 되는 높이에 구멍이 뻥 뚫려 경비행기 4대가 빠져 나갔다는 곳이었다. 우리들은 999개의 직선 같은 계단을 올라서 기진맥진한 끝에 천문동에 올랐다. 밑에서 보던 것과는 달리 비행기가 지나 갈 정도의 너른 하늘 길이 정말 열려 있었다. 자연적으로 어떻게 이런 동굴이 뚫렸는지 입이 벌어질 따름이었다. 우리는 산위에서 떨어지는 물보라를 맞으며 더위를 식히고 내려왔다. 내려오면서 돌아보니 이미 천문동은 운무에 가려 보이지가 않았다. 그 신비한 자태를 오래 보여주지 않으려는 듯 했다. 우리는 호텔로 돌아와서 중국의 전통 궁중 요리로 근사하게 대접받고는 목욕을 하고 전신마사지와 발마사지를 받았다. 서태후가 된 기분으로 잠이 들었다.

나흗날.

날씨는 해는 나오지 않았으나 그렇다고 비가 오지도 않았다. 참으로 구경하기 좋은 날씨였다. 오늘은 보봉호와 원가계를 보러 갔다. 먼저 해발 430m에 있는 산정호수라는 보봉호를 보러 갔다. 댐을 쌓아 물을 막아 만든 인공호수인데 주변의 산 그림자가 거꾸로 물에 비춰 푸르게 어우러진 정말 아름다운 호수였다. 우리는 배를 타고 유람을 했다. 수심이 평균 72m라는 호수 옆의 꽃배에서 소수민족이면서 장가계의 팔 할이 토가 족이라는 아가씨가 나와서 전통노래를 부르며 손을 흔들었다. 남자는 집에서 밥을 하고 설거지를 하고 산에 가서 나무를 하고 약초도 캐고 그리고는 시장을 봐 와서 저녁 준비를 하고, 여자는 남편이 해 주는 밥 먹고는 밖에 나가 마작을 즐기고, 아이를 낳으면 아이는 엄마 성씨를 따르는 여자들의 천국이었다. 토가족, 그 이름에 영광 있으라. 이어서 우리가 탄 배에서도 토가족 아가씨가 나와 노래를 부르고 같이 탄 분들이 화답을 하며 그야말로 우리 선조들의 뱃놀이 하던 모습 같았다. 길이가 2.5km라는 호수를 돌아서 내릴 때는 한 폭의 그림 같은 정경에 자꾸만 뒤돌아 보아졌다. 계단을 타고 하산을 하니 시원한 인공폭포가 우리를 반겼다. 흐르는 물에 손을 담그며 우리는 이국의 정취를 즐겼다.

점심은 북한 식당이라는 평양냉면식당에서 냉면을 먹었다. 한복을 곱게 차려입은 북한 아가씨 둘이서 시중을 들면서 '다시 만나요'와 '휘파람'이라는 노래를 이북특유의 간드러진 목소리로 불렀다. 이미 햇볕정책이 시작되면서 유행했던 노래들이라 반갑고 내 동포라는데 마음이 저려왔다. 내 나라 내 동포이면서 타국인 중국보다도 자유로이 갈 수 없고 만날 수 없는 세계 유일의 한민족 분단, 사상의 벽이여! 우리는 아쉬운 작별을 하며 원가계로 향했다. 세계 제일의 관광전용인 백룡엘리베이터를 타고 원가계 정상으로 올랐다. 벌써부터 멀리 바라다 보이는 원가계의 절경들이 눈을 사로잡았다. 셔틀버스로 이동하여 내리니 천원을 외치는 꼬마에서부터 어른들까지 구운 재래종 밤을 소쿠리에 담아서 사라고 끝까지 따라다녔다. 천원 싸다를 외치는 남루한 옷차림의 예닐곱 살 되어 보이는 소녀에게서 나는 밤을 샀다. 소녀야, 지금은 힘들지만 조금만 참으렴. 풍족한 자원에, 넘치는 인력에 너희들도 몇 년 안에 우리처럼 여행을 즐길 거란다. 삼림욕을 하면서 숲속을 걸어서 가는 길은 간간이 뜨거운 햇볕이 쬐었지만 시원했다. 드디어 기암괴석이 병풍을 두른 듯 모두들 아! 하는 소리에 바라보니 '미혼대'였다. 얼마나 경관이 좋으면 넋이 다 빠져 신선도 길을 잃어 미혼대라고 했을까? 수백 수천 길의 협곡 사이로 깎아 놓은 듯, 도열해 서 있는 봉우리들이 숨이 막힐 듯했다. 나는 이백의 〈산중문답〉이라는 시가 떠올랐다.

왜 푸른 산에 사느냐고 묻는다면
그저 웃을 뿐 대답은 안 해도 마음은 절로 한가롭네
복숭아꽃이 물 따라 두둥실 떠가는 곳
따로 세상이 있지만 인간세상은 아니라네.

마지막 넷째구절인 別有天地 非 人間이 딱 들어맞는 곳이었다. 사진을 찍어 즉석에서 파는 현지인들과 여행객들이 붐볐지만 빼어난 절경은 말이 없었다. 거기서 돌아 내려오면서 장가계의 백미 라는 '천하제일 교'를 보았다. 도저히 자연이 만들어 낸 석교라고는 믿어지지 않을 만큼 300m 높이의 바위 사이를 너비 2m 길이 20m의 돌 판이 이어져 건널 수 있게 된 돌다리였다. 내려다보니 아래는 아득한 절벽이었다. 입구엔 자물통이 수없이 걸려있었다. 연인들이 사랑을 언약한 뒤 자물통을 채우고 열쇠는 다리 아래로 던져버려 영원을 약속한 증거라고 했다. 세상사 어디서나 사랑은 아름다웠다. 우리는 다시 걸어서 하룡공원을 지나 어필봉과 사랑하는 님에게 꽃다발을 바치려고 서 있는 선녀산화 봉을 보았다. 붓처럼 솟아 있는 날카로운 바위 끝에 선 한 그루의 소나무엔 모진 목숨을 그리도 굳건히 뿌리내리고 푸른 솔잎에 의연히 기개를 떨치고 서 있었다. 우리는 천자산 케이블카를 타고 다시 한 번 아름다운 장관을 둘러보았다.

한나라 고조 유방의 토사구팽으로 죽음을 당한 한신에 비해, 하사하는 봉작도 마다하고 조용히 물러 설 때를 알고 이곳 무릉도원에서 신선처럼 살다 간 장량의 생이 그처럼 아름다울 수가 없었다.

물욕과 명예욕을 황석채에 묻고 간 장량. 장가계는 그래서 더욱 빛났다.

* 친정어머니의 환후로 이번 여행에 동행하지 못한 박영애 님에게 이글을 바친다.

4부

만나면 헤어지고

꼭 하고 싶었던 이야기들을 그리기 위해 | 전춘희 선생님께 보내는 편지 | 서홍덕 선생님께 보내는 편지 | 이경원 선생님께 보내는 편지 | 松亭스님께 | 대전문예창작 회장님께 | 현정아! 유정아! | 사랑하는 내 딸과 믿음직한 사위에게! | 손자손녀에게

꼭 하고 싶었던 이야기들을 그리기 위해

— 글쓰기를 시작하며

누구에게나 어릴 적 가정환경은 그 사람의 장래를 결정지을 수 있을 만큼 중요하다고 생각합니다.

집안의 종손이셨던 아버지를 육이오 사변으로 3살 때 잃고, 40대 중반의 홀어머니와 10살 위인 둘째언니와 셋이서, 폭격으로 다 쓰러져 가는 집에서 시작한 제 어린 시절은 스스로 삶을 개척해 나가야 한다는 것을 가르쳐 주었습니다.

종부라는 막중한 본분에 조금도 소홀함이 없었던 자상하셨던 어머니와 엄마처럼 살갑고 다정했던 언니, 아버지처럼 믿고 의지했던 우리 집 기둥이었던 큰언니가 초등학교 4학년 때 멀리 김해로 시집가고 나서 언니에 대한 절절한 그리움으로 〈영남예술제〉때 학교 대표로 나가 산문에 우수로 당선 되어 교장선생님께 상장을 받던 날, 저는 울면서 상장을 받았습니다.-귀뚜라미도 제 마음을 안다는 듯 "귀뚤 뀌뚤" 슬피울고 있었습니다.-라는 맨 마지막 글을 지금까지 기억하고 있을 만큼, 이별이란 아픔이란 걸 그 때 처음으로 알았습니다.

끝없이 펼쳐진 하얀 모래밭, 하늘만큼 높았던 강변의 버드나무, 아카시아꽃.

집 앞엔 보리, 고구마, 감자, 옥수수밭 등. 몸으로 부딪쳤던 청소년기였습니다.

홀어머니의 그 힘든 삶을, 종손하나 잡지 못한 그 한스러움을 지켜보며 불쌍한 어머니의 눈에서 결코 저로 인해서는 눈물을 흘리지 않게 하리라는 제 결심은 문정희 시인의 〈찔레〉처럼 -그대 사랑하는 동안/내겐 우는 날이 많았습니다.-그 눈물을 남몰래 지우고자 애썼던 지난 날을 돌이켜 보며 한 가닥 남은 불씨를 되살려 제 주위 분들께 잊혀지지 않는 사랑을 바치고 싶습니다.

제 사투리 말을 대신 할 수 있는 표준말이 얼른 생각나지 않고, 쉬운 한자도 옥편을 들추지 않으면 생각 나지 않는 이 안타까운 기억의 끈을 부단히 붙잡으려고 애쓰는 대신 다시 배우려 노력하고 또 쓸 것이며 그 길이 비록 어렵고 힘들더라도 이제껏 그려 놓은 60여년의 나이테가 굳건히 떠받쳐 줄 것이라는 믿음을 갖고있습니다.

일흔을 훨씬 넘기신 교수님의 그 당당하고 거침없는 명강의에서 용기를 얻고, 또한 열심히 배울 것입니다.

2006년 9월 12일

전춘희 선생님께 보내는 편지

만나면 헤어지고, 헤어지면 또 만나는 것을
진주로 오기 전,
서걱이는 댓잎이 아직은 살을 베일 듯 차가운
담양 온천의 노천탕에서
햇볕에 뜨거운 몸을 모두 내맡겼습니다.
심연에 잠든 내 혼을 일깨워
열정을 쏟던 날들이 참으로 부끄러우면서
또한 환희에 찼던 날들이었습니다.
그 숨겨진 이면에 어리는 얼굴들…
전춘희씨의 또렷한 얼굴이 부우연 김속에 다가왔습니다.
같이 동무해 주신 점, 감사합니다.
서운해 하지 마십시오.
이제 시작입니다.
도도하고 푸르게 흐르는 진주남강물처럼
오고 또 갈 것입니다.
굽힘없는 끈질김,
그건 오늘을 이어 준 마음 속의 근원입니다.
내 생애 바램을 열어 준 대전을 떠나면서

담양 온천의 뜨거운 탕 속에
나를 녹이고 왔습니다.
내일을 기다리면서.

김순자 2006년

松亭 스님께 보내는 편지

松亭 스님께

어줍잖은 제 글을 읽으시고 기억해주신 스님께 감사드리면서 아직 "詩"라기엔 너무 미흡합니다만 두 편을 동봉합니다.

김용현 시인님의 글 속에도 스님에 대한 무한한 고마움이 녹아있습니다.

지난 4.27, 5.11 모두 베풀어 주심에 감사드리며, 모든 걸 넉넉히 품을 수 있는 그 님의 모습이 닮고 싶도록 아름답습니다.

건강하십시오.

2006년 6월 7일

金順子 드림.

대전 문예창작 회장님께 보내는 편지

대전 문예창작 회장님께

회장님.

몸이 좀 어떠신지요?

완쾌되셨는지 전화도 해보지 못하고 이렇게 훌쩍 대전을 떠나게 되어 죄송합니다. 송정 스님도 많이 좋아지셨는지 걱정이 되면서도 한번 더 가뵌다는게 그러지 못한 점 용서하시기 바랍니다. 딸이 경상대학교 병원에 3월부터 근무하게 되어서 부랴부랴 떠나게 되었습니다.

어줍잖은 글을 분에 넘치게 사랑해주신 회장님과 송정스님께 거듭 감사드립니다. 그 고마움에 보답하기 위해서도 더욱 열심히 쓰겠습니다.

회장님의 그 힘이 넘치는 좋은 글들을 읽게 해주신 행운에 감사드립니다. 앞으로도 아름다운 글들을 많이 쓰시길 빌면서 완쾌를 빕니다.

좋은 인연을 만들어 준 문예창작에 감사할 따름입니다.

언제가는 또 만날 날이 있지 않겠습니까.

진주에 오시면 꼭 연락을 해주십시오.

그럼 송정스님께도 간절한 제 마음을 꼭 전해주시길 빌면서.

2007년 2월.

김순자 드림.

서홍덕 선생님께 보내는 편지

서 선생!

이렇게 불러보니 감회가 새롭습니다.

맑은 오후의 가을하늘처럼 멀고 아득한 지난 세월이 너무나 빠르게 흘러간 것 같습니다.

지난 5월, 부산 예식장 앞에서 우연히 만났던 그 반가움을 무어라 말로 다 표현하겠습니까? 동기간처럼 눈물이 나오려는 걸 참았습니다.

집에 돌아와 망연히 지난날을 뒤돌아보니 그 한 자락을 고스란히 저 푸른 강물에 흘려보내고 싶을 만큼 참 힘든 세월이었습니다. 그런 중에도 서 선생 같이 헌신적이고 열정적인 분을 만났던 것도 행운이었습니다.

서 선생의 그 열정을 마음껏 펼칠 수 있는 곳에서 여전히 근무하신다니 한편으로 기뻤습니다. 몇 년 전, 신문에 난 은석학원의 광고에서 서 선생 얼굴을 보고 역시 잘 계시구나 하고 가슴이 뭉클하던 때와 같았습니다.

언제나 학생들을 위해 최선을 다하시던 서 선생!

지철이와 욱철이(?)도 흔흔 장부가 되었겠죠?

여전히 옛날처럼 아름다운 모습을 간직한 지철이 엄마에게도 미처 말도 건네지 못한 것 같습니다. 그리고 자당께도 변변히 인사를 여쭙지 못한 점 사죄드리면서 안부 말씀 전해 주시길 바랍니다.

인터넷에서 은석학원을 찾아보고 주소와 전화번호를 확인하여 오늘 전화를 걸었더니 수업중이라고 해서 반가웠던 마음, 두서없이 적었습니다.

부디 건강하시고, 서 선생 같은 분이 교육현장에 있는 한 우리의 앞날은 밝을 거라는 믿음을 잊지 말아주십시오.

그리고 앞으로는 서로 연락하고 지내시길 빕니다.

그럼 안녕히.

김순자 2007년 10월 16일

태(胎)

한없이 편안하고 아늑한 어둠을 아는가?
모든 소리와 모든 빛이 응결된 곳,
언젠가 나아갈 길을 준비하고 기다리는 곳

이경원 선생님께 보내는 편지

내가 살아야 하는 이유

닥터 노먼베순의 생명의 칼
그것은 신의 성도라고 예찬된 인류애였습니다.

닥터 이경원의 한없는 미소
그것은 생명의 칼마저 녹인 사랑의 불꽃이었습니다.

암병동 멸균실 복도 끝에서 넝마처럼 구부러진 아이 엄마가
아이처럼 울고 있습니다.
가던 손이 차마, 그 어깨 위에 얹을 수가 없었습니다.
다만 신이 있다면 내 남은 생(生) 반만이라도 저 아이 엄마에게
엿가락처럼 떼다 붙여 주시길!

유능한 선장은 억지로 폭풍에 대항하지도
그렇다고 배가 폭풍우에 뒤집히도록 두지도 않는다.
저는 이 말을 좋아합니다.
나는 내 몸의 선장이고

닥터 이경원!
당신은 우리 모든 환자의 선장입니다.
그 고뇌와 괴로움
언제나 한없는 그 미소로 만인의 生을 보듬어 돌려주십시오.

〈림프종의 T세포 림프종〉을 치료한 닥터 이경원!
내가 살아야하는 이유들이 생겨서 즐겁습니다.

2012년 1월 16일, 설날을 일주일 앞두고, 김순자 드림.

〈편지글〉

현정아! 유정아!

오늘 너희들 방 정리를 하면서 어릴 적 갖고 놀던 곰돌이와 인형들을 목욕시켰다.(어쩜 너희들은 그렇게도 게으르니?) 그 곰돌이와 인형들을 목욕시키면서 엄마가 어떤 생각을 한 줄 아니? 아직, 목도 가누지 못하는 너희들을 목욕시키듯 씻기면서, 인형의 손과 코와 잎, 곰돌이의 귀와 손가락, 발가락 그 어느 한 군데 너희들의 손과 입이 닿지 않은 곳 없이 물고 빨고 헤헤거리던 한 살, 두 살, 세 살 그리고 초등학교 다닐 때까지의 그 앙증맞고 귀엽던 모습들을 생각하며 어렵고 힘들었지만 행복했던 그 시절이 그리워 엄마는 코끝이 다 찡했단다.

너희들은 아빠는 왕이요, 독재자라고 불만이었지만, 아빠는 엄마보다 더 자상하고 너희들을 더 사랑하셨다는 거 알고 있지? 인형이나 곰돌이는 거의 아빠가 다 사 주셨고, 또한 할머니 회갑 때 큰아버지가 찍어주신 사진 속에 있는 너희들의 천진한 웃음 속에 입고 있는 옷도 아빠가 사 주신 옷이고, 초등학교 때 놀러간(우리 가족 모두의 나들이는 처음이자 유일한 것이지만) 내장산(산 이름이 생각나지 않아 지도 보고 알아냈음) 갈 때도 청 조끼에 주름치마 둘 다 쌍둥이처럼 예쁘게 아빠가 사 입혔잖니? 그리고 고목나무에 매미 올라붙었다고 경점이 엄마가 항상 놀려 댈 정도로 아빤 너희들을 곧잘 업어 주셨단다.

그래, 이젠 어엿한 청년기에 들어선 너희들.

유정인 사회인으로서 현정인 아직 학생으로서 그 어려운 학문의 길에 들어 서 있지만, 자기 몫을 다하고 있는 대견스러운 너희들의 모습에 엄마 아빤, 말을 하지 않아도 얼마나 자랑스러운지 모른다. 엄만 엄마대로 지난 세월을 돌이켜 볼 사이도 없이 知天命의 나이에 접어들었고, 아빤 이제 머지않아 耳順의 나이를 바라보지만, 한 번도 지난날을(삶을) 후회해 본적이 없단다.

항상 최선을 다한다는 마음가짐으로 살아라. 그리고 엄마 돼지 구정물 실러 역전 근방 큰어머니댁까지 리어카를 끌고 갔다 오면 갑자기 소나기라도 오는 날이면 초등학교 가기전의 현정인 유정이랑 같이 한 우산을 쓰고, 보랏빛 싸리꽃이 예쁘게도 핀 강둑길을 아장거리며 엄마 마중오던 그때를 생각하고 현정인 언니답게 유정인 동생답게 항상 서로 위하거라.

1997년(6년이라 쓸 뻔 했다.) 4월 3일(봄비 내리는 날)

사랑하는 엄마.

추신: 현정이 리포터지 겉장 한 장이기에 (남았기에) 글을 빽빽하게 썼다. 예쁘게 쓸려고 했는데.

이 인형과 곰돌이는 너희들이 시집가서 애기 낳으면, 엄마 아빠가 선물할 것이다.

〈편지글〉

미림이가 아홉 번째 맞는 어린이날

구름처럼 둥실
떠 보렴
미림아!

무지개처럼 방긋
웃어보렴
미림아!

별처럼 초롱초롱한
우리 미림이
예쁘고 건강하게 자라라.

2008년 5월 5일
사랑하는 외할머니가.

* 2008년 어린이날 손자손녀에게 동화책을 선물하면서
김미림(우리나라 나이 10세, 10월 19일생)
〈개와 고양이〉 전래동화 이종균 그림. 표시정 글

〈편지글〉

우리 민정이가 여덟 번째 맞이하는 어린이날

무지개 물고기처럼
예쁜 민정아

바다처럼 넓고
푸른 꿈을 안고

무지개 물고기처럼
용감하게 자라라

2008년 5월 5일
사랑하는 외할머니.

* 김민정(8세, 2월 16일 생)
〈무지개 물고기와 흰 수염고래〉 마르쿠스 피스터 그림. 글

〈편지글〉

우리 대장이 여덟 번째 맞는 어린이날

씩씩한 우리 대장
석민아!

뿌리가 깊어
태풍에도 끄떡 없고

이파리가 무성해서
누구나 쉴 수 있는
〈커다란 나무〉로 자라렴

2008년 5월 5일
사랑하는 외할머니.

* 이석민(8세, 3월 13일생)
〈커다란 나무〉 레미 쿠르종 글그림

〈편지글〉

우리 강아지가 여섯 번째 맞이하는 어린이날

이 세상에서 할머니가 가장 사랑하는
우리 강아지, 수민아!

제비꽃보다 귀엽고
산딸기보다도 더 예쁜
우리 강아지

모두에게 귀염 받는
착한 어린이로 자라라.

2008년 5월 5일
사랑하는 외할머니가.

* 이수민(6세, 4월 15일생)

2012년 이제는 아쉬울 5월의 어린이날을 보내면서

조물락조물락 이 손으로 키울 때
더 없는 행복을 주던
내 사랑하는 손녀 미림아!
이제는 어렷한 중학생 교복을 입고 맨 먼저
이 할미에게 사진을 전송해 주던
야무지고 똑똑한 내 자랑스런 손녀야!
남의 눈에 꽃 본 듯이 푸른바다 등대같이
언제나 내 주위를 환하게 비추거라.

2012년 5월 5일
사랑하는 외할머니가.

〈편지글〉

내 사랑하는 손녀 민정아!

마알간 두 눈에
총기가 초롱초롱 별처럼 빛나는
내 사랑하는 손녀 민정아!

파아란 5월의 나무들같이
이제 막 패 오르는 청보리같이
언제가 예쁘게 네 꿈을 펼쳐라.

2012년 어린이날.
사랑하는 외할머니가.

〈편지글〉

사랑하는 내 손녀 수민아!

오빠랑 맨날맨날 잘 싸우지?

눈물나고 속도 상하고.

그럴 땐 책을 읽어 봐.

금방 기분이 좋아진단다.

이야기가 재미나면 더욱 좋고.

그렇게 자주 책을 읽다보면 컴퓨터나 닌텐도 게임은 시시해질 거야.

항상 잠자는 머리맡에도 책을 두고 할머니가 생각날 때도 책을 읽거라. 그러면 네가 만나고 싶은 할머니도 만나고 어느 틈에 우리 수민이가 쑥쑥 자라 있을거야.

사랑한다. 우리 강아지!

2012년 8월 31일

보고싶은 할머니가.

〈편지글〉

석민이, 수민이에게

어느쪽 머리에 그렇게 글 잘 짓는 상상돌이가 숨어있는지…
그래서 언제나 자랑스러운 내 손자 석민아!
여기 오면 또 아름다운 우리말로 그렇게 일기도 쓰고 동시도 잘 쓰겠지?
잠이 오면 항상 책을 읽다가 아름다운 꿈나라로 가거라.
사랑하는 내 손자야!

2012년 8월 31일
그리운 할머니가.

* 비자 때문에 온 이서방 편에 책을 선물하면서

〈편지글〉

석민아, 수민아!

할머니가 이 세상에서 제일 사랑한다는 거 알지?

언제나 책을 많이 읽던 우리 책벌레 선생 석민이.

유치원 때, 척척 문제를 잘 풀어 수학박사라던 우리 수민이.

언제나 자랑스럽게 생각한단다.

잘 먹고, 많이 뛰어놀고 항상 즐겁게 지내라.

안녕!

(할머니가 요즈음 바빠서 메일도 못 보내는구나. 미안!)

2013년 4월 5일

〈편지글〉

사랑하는 내 딸과 믿음직한 사위에게!

엄마 대장내시경 검사 결과 듣고 실망했지?

걱정 마. 나 괜찮아. 오히려 '그래 이놈 어디 해 보자. 니가 이기나 내가 이기나.' 하고 하고 오기가 생겨 더 힘이 난단다.

지금 내 몸 상태는 편하고 좋아. 그래서 매일 석갑산에 올라 맨발로 걸으면서 콧노래도 부르고 열심히 웃고 즐겁게 지내. 오늘은 우리 수민이가 좋아하는 토란을 심을 거야.

작년에 땅에 묻어두었던 걸 끄집어내어 비닐에 싸서 거실에 두었더니 하얗게 발이 나고 싹이 돋았네.

엊그제는 네 아빠가 나 병원에 입원해 있던 두 달 동안, 아래 층 방 넓히면서 나온 흙이랑 부산물 등을 밭에다가 퍼부어 놓은 걸 며칠을 자갈 세면 벽독 깨진 것 등을 골라내고 정리를 했단다.

무우 캐 낸 밭고랑에는 거름처럼 허옇게 남은 모래를 고루 퍼다 부어놓은 거 있지. 그것을 모두 걷어내 담 밑에 파고 묻었단다.

네 아빠를 항상 부처보듯 하려고 노력한단다.

그러니까 마음이 편해.

수민이가 할머니 선물로 좋겠다며 사서 보내 준 랩은 한 번 써 보니까 참

편해서 너희들 오면 쓴다고 부엌 옆에 두었더니 며칠 전 쓸려고 찾으니까 없어서 물으니 집 고칠 때 내다 버렸대. 안 쓴다고. 왜 내 선물을 물어보지도 낳고 마음대로 버렸냐니까 되레 화를 버럭 내는 거 있지. 그 무거운 걸 이서방이 가지고 온 공을 생각하면 열불땡불이 났지만 어쩌겠니. 부처님! 하고 참았단다. 내가 변하는 게 몸도 마음도 편하다.

항상 많이 웃고 즐겁게 지내길!

사랑한다 내 딸. 그리고 내 사위.

2013년 4월 5일

언제나 보고 싶은 엄마가.

〈편지글〉

이제는 소녀티가 나는 우리 미림이에게!

시험 친다고 몇날 며칠을 애썼지?
네 노력만큼 보상을 받아 할머니는 너무나 자랑스럽다.
이제 동생의 어린이날 만큼은 같이 실컷 웃고 떠들고 즐겁게 놀려므나.
그리고 부모님 말씀 잘 새겨듣고 네 성실함과 총명함을 잘 갈고 닦거라.
사랑한다. 내 손녀야!

2013년 5월 5일
열심히 투병하는 할머니가.

〈편지글〉

언제나 방글방글 예쁜 우리 민정아

이제는 어린이날도 올해가 마지막이네
부디 뜻깊은 어린이날을 맞아 마음껏 웃고 뛰어 놀거라.
그리고 더 넓은 세상으로 힘껏 달려가거라.
언제나 자랑스러운 우리 민정아!

2013년 5월 5일
사랑하는 할머니가.

우정의 수필

수필가 전춘희

하늘의 별이 된 당신

1 순자 씨의 로맨스

우리가 모인 곳은 공주 근처의 어느 산사였습니다. 늦은 저녁에 갔더니 당신은 전보다 훨씬 좋아진 모습으로 버선발로 걸어 나와 마당에서 우리를 맞았습니다. 숲 속에서는 꾀꼬리와 검은등뻐꾸기의 울음소리가 들려와 숲 속이 살아 있음을, 당신이 살아 있음을 실감케 했습니다. 이전보다 훨씬 좋아진 모습에 어떻게 된 거냐고, 건강이 회복이 된 거냐고 마루에 앉기도 전에 던지는 질문공세에 당신은 빙그레 웃으며 어느 날 죽기 전에 해보고 싶은 일이 있었는데 그 일이 여행을 가는 일이었고 그 여행의 장소가 이곳이 된 것 뿐이라고 하면서 건강도 많이 회복이 되고 다시 투병을 하기 위한 휴식의 시간을 갖기 위해 온 것이라고 했습니다. 생각해보니 그동안 알고 있는 곳이 여기밖에 없었다고 아마도 젊어서 아이들 키우느라 여행이란 걸 해보지 못해 뚜렷한 여행 장소도 떠오르지 않았다는 당신 말에 애잔한 마음이 들었습니다.

한껏 상기된 당신의 표정을 보면서 내심 안심이 되기도 하고 한편으로는 정말회복이 된 건가 의구심이 들기도 했지만 회복이 되는 것이라고 그렇게 믿고 싶고 그렇게 되기를 간절히 기도했습니다. 우리는 늦은 저녁 상차림으로 뒤란에 있는 취나물과 어성초 상추 쑥갓 민들레 고들빼기 담배상추 등의 잎을 뜯고 고추를 따서 된장찌개와 함께 밥을 싸먹으면서 오랜만에 참살이식사를 한다고 좋아했습니다.

식사를 마치고 밥상머리에 둘러앉아 차를 마시면서 왜 여기에 오게 되었는지에 대한 이야기를 하면서 시낭송을 해보라는 처사님의 얘기에 못 이긴 척 한 수 읊겠다고 하면서 청마 유치환의 "그리움"을 떨리는 목소리로 낭송했습니다. 제가 그때 얼마나 그 시에, 당신의 목소리에 감동을 했는지 당신은 아마도 모를 겁니다.

파도야 어쩌란 말이냐 파도야 어쩌란 말이냐. 임은 뭍같이 까딱 않는데 파도야 어쩌란 말이냐. 날 어쩌란 말이냐.

당신이 그렇게 청마의 시를 읊는 동안 난 그 애절함에 마음이 아팠습니다. 언젠가 보문산 자락을 걸으면서 읊었던 그 시였습니다. 청년시절에 감상했던 시를 30년 넘어 다시 접하니 그 시절의 느낌과는 또 다른 감동으로 다가왔습니다. 더 익어서 제 맛이 나는 그런 시였다고나 할까요? 아니 어쩌면 그 안에 사연 하나 있지 않나 하는 생각이 들었습니다. 그렇지 않고서야 당신의 그런 절절한 마음이 저한테 전해질 리 없잖아요? 진심은 통하는 법이니까요. 아니나 다를까 시를 읊고 난 당신은 그 시를 좋아하게 된 사연을 이야기 했습니다.

1965년 그 무렵에 저는 열여덟 살이었습니다. 그리고 월남전에 참전한 사촌 오빠에게 열심히 편지를 쓰는 소녀였습니다. 그때는 군인들에게 편지를 쓰는 것이 유행이어서 오빠도 사촌동생이 편지 써주는 것을 좋아했고 저도 오빠에게 편지 쓰는 것을 좋아했습니다. 한창 편지를 주고받으며 소식을 전해주곤 했는데 한번은 다른 남자에게서 편지가 왔습니다. 펜팔을 하자고 그렇게 해서 저는 생애 처음으로 한 남자를 알게 되었고 펜팔을 하게 되었습니다. 그게 4년이 넘도록 지속 되었습니다. 둘이 사진 한 장 씩 교환한 게 전부였습니다. 그렇게 4년이 지나고 그 사람은 고국으로 돌아오게 되었어요. 돌아와서도 편지는 계속되었어요. 한번은 저한테 편지가 왔는데 만나자는 거였어요. 그런데 자꾸만 엄마가 마음에 걸리는 거예요. 우리엄마는 일찍이 홀로 되셔서 딸만 셋을 길렀는데 아무래도 남자를 만나고 연애를 한다는 것이 엄마한테 누를 끼치는 일인 것 같아 그 남자를 만날 용기가 나지 않았어요. 그래서 다음에 만나자고 편지를 썼지요. 그런데 그러고서는 어영부영 끝이 나고 말았어요. 지금 생각으로는 그때 만나봤더라면 어땠을까? 하는 생각이 들어요. 그게 저한테는 첫사랑 이었는데……

"어디 사는 남자였어요?"

한참을 듣고 있던 제가 물었어요.

"춘천에 살았어요."

"그럼 지금이라도 한번 만나보지 그래요? 허심탄회하게. 제가 그 사람을 한번 찾아볼까요?"

"아니에요."

"혹시 실망할까봐서요?"

"아니 그게 아니고……"

적극적으로 나오는 우리들에게 당신은 그저 손사레만 치셨습니다. 진 당신의 로맨스를 들으며 지금까지 당신을 지탱하고 시를 쓰게 한 힘은 그 남자와의 로맨스가 아니었나 생각합니다. 아직도 끝나지 않고 그리움을 품고 사는 당신의 가슴에 오롯이 한 남자가 남아서 그 씨앗이 자꾸만 자라서 시로 승화되고 있다는 생각이 들었습니다. 내년에는 춘천에 산다는 그 남자를 찾아 헤매야 하지 않을까 하는 사명감마저 들었습니다. 죽기 전에 한번 만나보는 것도 나쁘지 않을 것이란 생각이 들기도 하구요. 저에게 그 일은 숙제로 남아 있습니다. 그리움은 사람을 행복하게도 만들고 피폐하게도 만드는 것 같습니다. 1965년 월남전에 참전했던 그 청년은 지금 어떻게 되었을까요?

2 당신을 잊지 않고 있다고

제가 당신에게 편지를 쓰지 않더라도, 연락을 못하더라도 제가 당신을 잊었다고 생각하지 마세요. 단 하루도 당신을 잊은 적 없어요. 하루하루를 견디고 있을 당신을 생각하면 인간으로서 연민이 느껴져요.

해지는 들녘을 가로질러 집으로 가는 길에도 가끔 시간이 나면 멀리 교외로 나가 함께 걸었던 논둑길이며 밭둑길을 생각하고 아침이면 주방 창문으로 바람 부는 밖을 내다보면서도 전 당신을 생각했어요. 잘 있을까, 아침잠에서는 깼을까? 남강바람을 맞으며 산책은 하고 있는 걸까? 뭐 그런 생각, 잠을 자면서도 새벽에 깨어나서도 그리고 길을 가다가 문득문득 당신을 생각하곤 해요. 당신은 누구보다 착한 마음을 지닌 사람이잖아요. 그리고 저를 비롯한 누구를 만날 때라도 정직하고 교만하지 않고 상대방을 먼저 생각하는 고운 마음을 갖고 있잖아요.

그런데 어떻게 이런 제가 당신을 잊었다고 할 수 있겠어요? 제가 당신을 잊지 않은 것처럼 당신도 저를 기억해주세요. 조금 더 세월이 흘러 5년, 10년이 지나고 20년이 지나고 꼬부랑 할머니가 되더라도 절 잊지 마세요. 우리가 함께 했던 〈곶감〉을 읽던 시간들과, 〈백석〉과 〈이태준〉 〈구보〉와 〈나와 나타샤와 흰당나귀〉와 〈기형도〉와 〈김선우〉 등을 토론하던 시간들도 제 기억 속에 살아 있을 거예요. 설령 살다 어디쯤에서 치매에 걸려 잊는다면 모를까? 그때는, 그래요 그때는 괜찮아요. 저를 잊어버려도, 아예 잊어버려도, 제가 기억하고 있으면 되니까요. 작은 체구에 오똑한 콧날과 까만 눈썹, 부드러운 머리칼 그리고 하나 둘 셋 넷 이젠 셀 수도 없을 만큼의 많아져버린 당신의 흰머리칼도 기억할게요. 시간이 지나다보면 더 많은 흰머리칼들이 생기겠지요. 하지만 그것도 아름답게 기억할게요. 당신은 다 잊어버려도 저는 기억할 게요. 일상이 힘들고 지칠 때 그럴 때는 가끔 기억을 꺼내 보고 되새김질 하는 것도 나쁘진 않을 거예요. 마치 영화를 보다가 되돌려 보는 것처럼. 가끔은 그렇게 살아보는 것도 괜찮을 것 같아요. 되돌아가지 말고 뒷걸음질 치면서 우리들 앞에 놓인 풍경을 구경하고 간다는 것 그것은 정신이 누릴 수 있는 최고의 여유일 거예요 아마. 가끔 그렇게 쉬게 해주는 것도 괜찮겠어요.

벌써 2012년 가을이에요. 곧 9월 달력도 뜯겨져 나갈 테고 10월, 11월, 그러다가 호랑가시나무에 크리스마스 캐럴이 울릴시도 몰라요. 그때까지 우리가 서로를 기억하고 있다면 그때까지 살아 있다면 그냥 미친 사람들처럼 좋다고 아우성치면서 정말 즐거운 듯 떠들면서 지냈으면 좋겠어요.

흰 눈이라도 펑펑 날리면 당신은 당신 집에서 케이크를 자르고 저는 눈 오는 날 밤 슬그머니 벚나무 숲을 걸을 거예요. 눈사람이 될 정도로 눈을 많이 맞고 와서는 잠도 안 자고 창밖으로 내리는 눈을 바라보면서 〈크리스 마스캐럴〉을 쓸 거예요. 예전에 당신이 얘기해 주었던, 한 사람을 만나 안고 싶어서 밤새 헤매고 다니다 어느 허름한 여관에서 밤을 새고 나오는데, 허름한 그 골목길을 나오는데 뜻하지 않게 하늘에서는 흰눈이 소리 없이 펄펄 내리고 있었다는 그 얘기를 쓸 거예요.

그리고 전할게요. 당신을 많이 좋아한다고요. 그러니 건강하게 내년에 벚꽃 필때까지만 살아 있어 달라고요. 그래서 하늘하늘 떨어지는 벚꽃 길을 함께 걸으면서 웃을 수 있었으면 좋겠어요. 그때까지 꼭 살아 있어서 벚꽃 길에서 웃을 수 있다면 좋겠어요. 그때까지만 살아 있어서.

3 창가에서

혹시나 하는 마음에 당신이 어찌되었을까봐 전화를 하였는데 당신이 계시냐고 묻는 내 말에 상대방은 안 계십니다, 합니다. 그 대답을 듣고 한참이나 말을 잇지 못하고 우물쭈물 하다가 겨우 정신을 차려 안 계신다고요? 되물어 확인을 하는 저를 발견하고 아, 이런. 저 스스로도 이 상황에서 무슨 말을 해야 하는지 한참이나 속으로 말을 정리하느라 혼났습니다.

"언제 그분이 가신건가요?"

하마터면 그렇게 물을 뺀했습니다.

"안 계신다고요?"

아이의 목소리가 멀어져 가고 "누고?" 수화기를 전해 받은 사람은 다름 아닌 당신의 따님이었습니다. 그리고 제가 안부 차 전화 드렸다고 했더니 어머니는 병원에 두어 달째 입원해 계십니다, 하네요. 전 가슴을 쓸어내리며 이승과 저승의 강을 넘나들고 있습니다.

다시 저는 병원으로 전화를 합니다.

"안녕하세요. 접니다. 어떻게 지내세요."

"아이고마 반가버라, 내사 마 10월12일에 병원에 입원해와 지금까지인 기라, 고마 이제 죽었구나 싶을 정도로 하늘이 노랗게 퍼렇게 물들어가는 것을 봤다마, 그래 내 명이 길라고 그랬는지 안죽 안 죽고 다시 안 살아났나? 꼭 죽는 줄만 알았다. 죽고 사는 기 마 한 순간이더라."

얼마 전까지 빨건피 노란피(혈소판 생성을 위한 액)를 넣느라 몸이 쇠잔해져 32킬로그램이나 나가던 몸무게가 그새 줄어 29킬로그램이 되었단다. 29킬로그램의 몸에서 쩌렁쩌렁 목소리가 울려올 때 저는 당신의 목소리처럼만 씩씩하게만 지낸다면 아주 오랫동안 더 살 수 있을 거란 생각을 했습니다. 하지만 몸은 29킬로그램인걸요. 제 몸무게의 3분지 1밖에 안 되는 몸무게로 당신은 온몸으로 외쳤습니다.

"마 내사 마 꼭 살아서 나 니 보러간데이. 기다리라 마."

그렇게 이제는 저 나락의 끝에서 살아 돌아와 쩌렁찌렁 외치던 당신이 두루 살아 있는 사람들한테 하고 싶은 말은 지금 이 순간을 즐기라, 였습니다. 미루지 말고 기운 있을 때 힘이 있을 때 젊을 때 사랑도 하고 연애도

하고 책도 보고 농사도 짓고 여행도 다니고 하고 싶은 거 다 하고 살라 하십니다. 참 옳으신 말씀입니다. 진심으로 그렇게 생각합니다. 오늘 애써 기운을 낸 당신이 저를 비롯한 모든이에게 하는 충고는 오롯이 제 가슴에 들어와 박혔습니다.

"내사 마 이 아픈 중에도 고추도 심고 고구마도 심고 하였는기라, 고마 내가 병원에 와 버리는 바람에 그기 마 울 언니가 그 농사 다 거둬들였다카더라. 마 자라는기 하도 이뻐서 지은기라. 농사짓는 농부의 마음이 젤 이쁘데이."

아마도 꺼져가는 생명이라 새 생명에 대한 강렬한 의욕이 솟아난 건 아닐까요? 어떻게든 아름다운 세상 보고 싶어 명줄을 놓지 않은 것일 테구요.

그런데요, 땅에 넘어진 사람은 땅을 짚고 일어선답니다. 꼭 그렇게 일어설 거라 믿습니다.

요즘 사실 저도 많이 우울합니다. 자식 때문에요. 자식이 뭔지 그렇게 사랑스럽고 예쁘던 아이가 말끝마다 날이 선 말들을 던집니다. 날마다 서로 예민해져서 포효하는 들짐승처럼 물어뜯고 싸우고 하는 저를 내려다보면서 삶이라는 것이 뭐길래 마음 한번 내려놓으면 되는 것을 그러질 못하고 이렇게 싸우는 걸까 반성하기도 합니다.

그런 딸아이를 보면 엄마의 얼굴이 떠오르곤 합니다. 나도 저만했을 때 엄마한테 저렇게 대했을까? 만약 내가 그랬다면 엄마한테 용서를 빌고 싶고 죄송하다고 내가 철이 없었다고 그렇게 빌고 싶어요. 이상하게도 딸아이가 퉁명스럽게 말을 하거나 아예 작정하고 말을 받아 치거나 엄마의 어떤 말도 이해하려하지 않을 때는 정말 속이 상해 혼자 울기도 합니다.

아이가 태어난 사월 벚꽃처럼 눈송이가 날리고 있습니다. 하늘하늘 눈이 흩날리는 창밖을 내다보면서 저는 생각합니다. 그렇게 아름다운 날 태어난 아이가 스무 살이 되어 엄마 곁을 떠나려 하고 있는데 이제 모든 것을 다 내려놓아보자. 아이에 대한 집착도 욕심에서 비롯된 것 아니겠는가. 아이를 낳던 산고의 진통도 하늘을 날아갈 듯 기뻤던 순간도 병원 뜰에 내리던 벚꽃처럼 한 순간이었던 걸까요? 살면서 겪은 어떤 실패들이 아이에게 좌절로 돌아오지 않았으면 하는 바람입니다. 다만 아이가 헤쳐 나갈 수 있는 힘의 원천이 되었으면, 그게 긍정의 힘으로 작용했으면 더할나위없겠습니다.

신은 인간이 감당 할 만큼의 고통을 준답니다. 사실 몇 년 전에 제게도 감당하기 어려운 일이 찾아왔을 때 하느님은 주무시고 계신거야, 라고 신을 원망했던 적도 있었어요. 그 고통이 너무 힘들어서요. 당신에 비하면 내 고통은 아무것도 아니라는 생각이 듭니다. 하지만 각자의 위치에서 본다면 자신이 처한 처지에 눈이 달리기 마련이어서 그 처지만큼 고통스럽다고 합니다. 그러니까 남의 고통은 내가 어떤 어려운 처지에 놓여보지 않으면 느낄 수 없는 것들이겠지요.

꿋꿋하게 이겨내세요. 우리가 제주도에서 텃밭을 가꾸며 한라산을 오르는 그 날까지 살아계셔야 해요. 긍정의 힘을 믿고. 누구에겐가 제 작은 말 한마디가 살아갈 힘이 된다면 그 이상의 위로는 없겠지요. 자신이 어려울 때 이 세상에 그 빛나던 사람들이 모두 외면하는데 그 중에 한 사람 당신의 손을 잡아 주었을 때 그 손에서 전해지는 온기가 마중물이 되어 꺼져가던 불씨가 활활 타오르는 기적 같은 일도 일어나기도 하는 게 세상인 것 같아요.

땅에 넘어진 사람은 땅을 짚고 일어선답니다. 사람으로부터 얻은 상처는 사람으로부터 치유된다는 말인 듯 합니다. 꼭 이겨내세요.

4 하늘의 별이 된 당신

봄비가 부슬부슬 오는 창가에 앉아 목련꽃봉오리를 바라보니 눈물이 납니다. 그래요 얼마 전까지는 그렇지 않았어요. 당신이 떠나는 날만 해도 그렇지 않았어요. 담담했어요. 인간의 목숨은 하느님의 필적이다, 라고 생각하면서 스스로를 위로했어요. 당신이 그렇게 떠나고, 날이 얼었다 풀렸다 기온이 내려갔다 올라갔다 하더니 비로소 따뜻한 봄바람을 싣고 봄비가 내리고 있습니다. 당신은 이 세상에 없습니다. 며칠 전까지만 해도 보내준 '책 잘 읽고 있어요. 고마운 사람! 힘이 없어 말을 잘 할 수가 없어요. 미안!' 이라고 문자를 보내왔습니다. 『누비처네』를 읽고 있다는 애기였습니다. 마지막으로 온 힘을 다해 써 내려갔을 그 문장을 보니 마음이 아픕니다. 말로 표현하고 싶었겠지만 이제 다 소진된 몸의 기운을 느낀 당신은 미안, 이라는 말로 대신했습니다. 미안! 저는 그 낱말 속에서 당신의 따뜻한 마음을 읽습니다. 함께 하고 싶은 시간들을 함께 하지 못해 미안하고 당신이 꿈꾸던 인생을 살고 싶었는데 그러지 못해 미안하고 어떻게든 살아나 그리운 사람을 보는 게 소원이었는데 살아내지 못해 미안하기만 한 당신의 마음을 압니다. 당신은 이 지상에 버릴 거 다 버리고 깃털처럼 가벼워져 아지랑이 아롱대는 봄날 속으로 손 흔들며 떠나갔습니다.

책을 읽는 것을 좋아했던 당신은 참 따뜻하고 아름다운 사람이었습니다. 어릴 때는 영특했고 공부에 대한 열정도 대단했다고 합니다. 처녀시절에는 한 사람을 사랑하였으나 그 사랑 이루지 못하고 당신의 기력이 다하는 그 시간까지도 그 사람을 그리워했습니다.

외손녀를 돌보고 있던 몇 년 전 손녀가 배우는 피아노 시간을 10분만 당신이 쓰면 안 되겠느냐고 하여 피아노 선생을 당혹스럽게 한 적이 있었습니다. 정말 젊어서부터 아니, 어려서부터 피아노를 배우고 싶었는데 가난하고 돈이 없어 배우질 못했다, 손녀가 쓸 10분을 남겨 당신이 쓰면 안 되겠느냐고 부탁을 하였을 때 피아노 선생은 당신에게서 다른 사람에게서는 찾아볼 수 없는 열의가 느껴져 10분을 당신에게만 특별히 허락했습니다. 당신은 그 시간으로 열심히 피아노를 쳤습니다. 10분을 모아 배운 실력으로 어느 날은 제게 멋진 피아노 솜씨를 들려주었습니다. 그때 댕댕 동동거리는 피아노 소리가 어찌나 아름답던지 지금도 〈아드린느를 위한 발라드〉를 들으면 당신 생각이 납니다. 가을 해거름에 들었던 그 피아노 소리는 아직도 귀에 쟁쟁합니다. 그렇게 솜씨 좋게 빚어내던 피아노 선율도 이젠 들을 수가 없습니다. 사람은 아무리 많은 재주를 가지고 태어나도 죽으면 그만이라는 허밍한 생각이 들었습니다. 그 사람의 솜씨, 그 사람의 감성, 그 사람의 열정, 그 사람을 대신할 것은 아무것도 없습니다.

당신은 돌아가시기 며칠 전부터는 늘 등에 노란질빵을 짊어지고 다녔다

지요? 따님들은 그 속이 무척 궁금하였답니다. 하지만 당신은 집에 있을 때는 가만있다가도 병원에 입원할라치면 병원으로 그 노란질빵을 짊어지고 입원을 하고 퇴원을 하는 날이면 또 그 질빵을 짊어지고 집으로 돌아가곤 하였답니다.

어느 날 따님은 신주단지 모시듯 하는 그 질빵 속이 궁금하여 진료를 받는 동안 병실에 있는 질빵을 열어보니 그 곳에는 다른 사람들과 주고받았던 편지며 그동안 써온 글들이 한 짐이나 되었답니다. 모아 철해놓은 것을 아끼며 읽어보고 또 읽어보고 짊어지고 다녔던 것입니다. 손주를 보러 대전에 와 있는 동안 남편은 이사를 한다고 이것저것 정리를 하다가 당신이 일생에 걸쳐 써 온 글을 폐휴지로 알고 버렸다지요. 당신은 버렸다는 그 말을 듣고 속이 상하여 어디에 버렸느냐 왜 그걸 버렸느냐 내가 어떻게 쓴 것들인데 남편을 원망하면서 고물상이며 쓰레기장으로 그걸 찾아 헤맸다지요. 그런데 끝내 찾지 못해 마음만 아팠다는 얘기도 들었습니다. 당신의 습작품들이 그만 폐휴지에 함께 버려졌던 수난을 겪으면서 당신은 습작품들을 잃어버리지 않으려고 애지중지 질빵에 넣어 다녔던 것입니다. 당신이 지상에 있을 때 엄청난 작품을 써서 이 세상을 놀라게 하는 작가가 되거나 놀랄만한 작품을 남기지는 않았지만 저는 당신이 누구 못지않은 열정을 가지고 세상을 살았다는 것을 압니다. 그러기에 저는 당신에게 이 세상의 마지막이자 한명인 열렬한 독자입니다. 그러니 기억하세요. 당신은 결코 외롭지 않다는 것을.

저는 당신의 따뜻한 마음을 기억합니다. 동생을 병으로 먼저 보내고 크게 슬퍼하고 있을 때 당신이 보내온 마음을 담은 편지글과 따뜻한 말 한마디가 제게는 큰 위로가 되었습니다. 동생이 죽고 남겨진 조카들 때문에 그 또래 아이들만 봐도 눈물이 나고 새싹만 봐도 눈물이 나고 동생이 먹고 싶다던 된장국만 끓여도 가슴이 먹먹해지는 날들이었습니다. 슬픔을 간직한 사람한테 가장 큰 위로는 따뜻한 말 한마디입니다. 그냥 힘들지, 마음 아프지, 슬프지, 한번 안아주고 등 토닥여 주면 되는 것입니다.

그런 당신은 사랑시 하나를 써 두고 선운사에 가보고 싶다더니 끝내 선운사 상사화도 못 보고 마치 조금 놀다가 숙제해야지 하는 아이처럼 곧 할 것처럼, 다시 올 것처럼 하고서는 이 세상의 모든 짐을 내려놓고 떠나버렸습니다. 상사화란 시와 그 목소리 아직도 들리는 듯합니다. 조금 떨리는 듯한 음성으로 곽재구의 〈사평역〉을 읽어도, 도종환의 〈흔들리며 피는 꽃〉 김용택의 〈그 여자네 집〉을 읽을 때도 참 좋다,라는 생각을 했습니다. 당신이 읽은 시들은 모든 사람들에게 작은 울림을 주었습니다. 당신이 어떤 문장의 글을 읽어도 사람들은 모두 당신의 시에 당신이 읽은 시에 공감하고 감동하였습니다. 그래서 당신을 한번 본 사람들은 죄다 당신을 좋아하게 된 것 같습니다. 슬픈 목소리를 지닌 사람들이 가끔 있습니다. 아마도 당신은 그런 목소리를 가진 사람 중의 한 사람이 아니었나 싶습니다.

당신에게 보낸 이 편지도 여기서 끝을 맺어야 할 것 같습니다. 사람은 살아있을 때 아름답습니다. 제가 당신에게 있어서 살아있는 동안 당신의 기억 속에 따뜻한 사람이었기를 바랍니다. 지금껏 살아오면서 저는 당신을 가장 마음 따뜻한 사람으로 기억하고 있습니다. 남의 마음을 헤아려 위로해 주는 아름다운 사람으로 기억하겠습니다. 당신을 잊지 않겠습니다. 선하고 올곧게 살았던 당신은 제 인생의 거울이었습니다. 이 지상에서의 힘들었던 기억일랑 지우고 부디 저승에 가서도 아름다운 사람들과 만나서 행복하게 지내세요. 그리고 미안해 하지도 마세요. 그립고 그리워도 이제 볼 수 없는 사람이 된 지금도 저는 당신을 사랑합니다. 안녕.

■ 닫는 글

꿈속에…

엄마의 글동무
대전 사시는 전춘희 씨를 만나러 가는 날 새벽
꿈속에 엄마가 나타났다.
그간 있었던 일을 아이처럼 일러주려고 하는데
서러움이 북받쳐서
하고 싶은 말을 꺼내기도 전에
내가 갑시는 소리에
그만 꿈을 깨고 말았다.
오롯이 내 편인
따뜻한 우리 엄마 냄새를 꿈속에서 다시금 보았다.
그것으로 되었다.
그새 잊었던, 잊을 뻔한 엄마의 그 무엇을 영원히 기억하고 싶다.

엄마가 돌아가시기 이틀 전 환자복 셔츠 단추 사이로 손을 넣어 엄마 젖을 만져보았다. 내가 초등학교 1학년까지 만지고 물고 빨면서 행복을 만끽했던 내 장난감…. 또 엄마의 손을 오랫동안 바라보면서 익숙한 그 손을 언

제나 기억하려고, 내 눈 속에 영원히 꼭꼭 넣어두려고 애를 썼다. 몇 년의 병원 생활을 말해주는 듯 항상 거칠던 엄마 손은 내가 본 순간 중 가장 부드러웠다.

엄마….

아무리 떼를 쓰고 간절한 눈빛으로 가지 말라고 있는 힘을 다해 마음속으로 애원하고 고집을 부렸지만 머릿속이 하얘지는 순간은 오고야 말았고 우리의 인연은 끝나버렸다.

이제 세상에 가족을 잃은 많은 사람들이 눈물을 가슴으로 삼키며 묵묵히 살아가는 세계를 나도 맞이하게 된 것이다. 천천히 보아도 좋았을 그 세상을….

슬픔

한 여자가 길을 걸어간다.
집에서 밥도 짓고
직장을 다니고
아이의 간식도 챙기고
약속이 생기면 모임도 나가고

명절과 생일도 지내고…

하지만 하루 종일
무엇을 했는지
도무지 생각나지 않는다.
그렇게 하루를 살고
한달을 살고
일년을 산다.

그런데 그녀는 모른다.
그리고 언제쯤일지 궁금하지도 않다.

한 번 들여다 본 세상은 쉬이 잊혀지지 않고

나는 그녀가
다시 내게로 돌아올 그날을 기다려 준다.
하지만 그 기다림에 나는
목마르지 않다.

엄마가 돌아가신 지 2주일 뒤, 엄마가 쪼물딱거리며 키운 큰 딸이 말한다.

엄마, 꿈속에 외할머니가 거실에 같이 앉았는거야. 할머니, 천국은 어때요? 하고 물으니 응, 아주 편안하다, 너무 좋다. 하신단다. 아, 너는 천사구나. 이 기쁜 소식을 당장 언니네와 아버지께 알려야지. 우리 가족은 엄마가 돌아가시고 처음으로 편안함을 느낀 아침이었다.

3월말, 작은 아이가 중학교 입학을 하고 얼마지 않아 국어시간에 배운 시조를 한편 가져왔다.

분단장도 모른 꽃이, 몸단장도 모른 꽃이
한 여름 내도록을 뙤약볕에 타던 꽃이
이 세상 젤 큰 열매 물려주고 갔습니다.

— 정완영 시조 「호박꽃 바라보며(어머니 생각)」

울먹울먹 시조를 읊조리는 아이의 목소리가 가늘게 떨리고
저녁 밥 먹다 말고 딸 둘과 나, 우리 셋은 또 그렇게 꺽꺽 울고 말았다.
수업 중에 얼마나 참았을꼬. 그것으로 되었다.

* * * * *

매 순간 알찬 일상을 살아갈 수 있도록 삶을 주신 어머니를 사랑합니다.
어머니의 책 읽던 모습, 글 쓰던 일상을 언제나 사랑하였습니다.

한밤중에 엄마의 글을 정리하면서 울고 앉은 나를 대신해 초고와 퇴고를 편집해 준 인품 좋은 남편에게도 고마움을 전합니다.

그리고 성심을 다해 치료해 주신 영원한 선장, 이경원 선생님과 먼 독일에서 세 번이나 방문해 웃음을 주신 친구 이종희님 부부, 서울 사시는 엄마의 어릴 적 옛 친구 이연임님, 엄마를 살리려고 애가 닳은 여든을 바라보는 우리 이모와 훈이 오빠, 엄마의 가장 행복한 시절에 만나 연을 놓는 그날까지 좋은 글동무 되어주신 전춘희 작가님과 송정스님, 백마문학회 회원님들께도 고마움을 전합니다. 그리고 힘든 순간을 의연하게 함께 해주신 아빠와 언니, 형부, 외할머니의 사랑을 듬뿍 받은 우리 딸들과 조카들…. 정이 많으신 이루카 신부님의 귀한 인연도 참으로 고맙습니다.

2015. 2월 엄마의 첫 기일을 앞두고 작은딸 김유정 씀.

내 인생에 촛불을 켜고

김순자 유고시집

발 행 일 | 2015년 3월 20일
지 은 이 | 김순자
발 행 인 | 李憲錫
발 행 처 | 오늘의문학사
출판등록 | 제55호(1993년 6월 23일)
주　　소 | 대전광역시 동구 대전로 867번길 52(삼성동 한밭오피스텔 401호)
전화번호 | (042)624-2980
팩시밀리 | (042)628-2983
홈페이지 | http://www.lito77.co.kr(홈페이지)
전자우편 | hs2980@hanmail.net

공 급 처 | 한국출판협동조합
주문전화 | (070)7119-1752
팩시밀리 | (031)944-8234~6

ISBN 978-89-5669-670-6
값 10,000원

* 이 책은 ㈜교보문고에서 E-Book(전자책)으로 제작·판매합니다.
* 잘못 제작된 책은 바꾸어 드립니다.